PARCE QUE TU ES UNE FEMME EXTRAORDINAIRE

PARCE QUE TU ES UNE FEMME EXTRAORDINAIRE

Accorde-toi l'amour que tu mérites et découvre le bonheur, la confiance en soi qui t'attend sans limites !

Sophie Beauvais

Imprimé par Amazon.

SOMMAIRE

Mon nom est Sophie Beauvais. J'étais autrefois une femme que la société avait étiquetée comme ordinaire, dont les ambitions et les rêves étaient constamment éclipsés par le poids du quotidien et des attentes sociétales.
Je me trouvais à un carrefour de ma vie, là où toutes mes peurs, mes doutes et mon sentiment d'insuffisance se rencontraient. De l'extérieur, je semblais avoir tout sous contrôle. Pourtant, à l'intérieur, je sentais que je me noyais dans un océan de désarroi. Chaque jour était un combat contre moi-même, une lutte pour essayer d'atteindre un idéal inaccessible de perfection.

Malgré tous mes efforts, j'échouais. Les tâches se sont accumulées, le travail a commencé à devenir une montagne insurmontable, et même les tâches quotidiennes sont devenues des défis. J'ai commencé à me demander si je serais jamais à la hauteur. Si je pourrais un jour me libérer de cette prison invisible de doutes et d'anxiété.
Cependant, au cœur de cette lutte, j'ai commencé à trouver des étincelles d'espoir. Des moments de clarté qui m'ont montré que, peut-être, juste peut-être, je pouvais surmonter mes difficultés et vivre la vie que je méritais. Chaque échec, chaque déception est devenue une leçon, une opportunité de croissance.
J'ai commencé à embrasser mes défauts, à accepter mes erreurs et à apprécier mes petites victoires.
Finalement, j'ai réussi à briser les chaînes qui m'entravaient. J'ai commencé à m'aimer pour ce que j'étais, et non pour ce que la société attendait de moi. J'ai trouvé la joie dans les moments les plus simples, et appris à dire non quand j'en avais besoin. J'ai découvert que la vraie force n'est pas dans l'infaillibilité, mais dans la capacité à se relever après chaque chute.

Inspirée par ma transformation, j'ai décidé d'écrire ce livre, ***Parce que tu es une femme extraordinaire***. Il est le reflet de mon parcours, de ma quête de l'acceptation de soi, et de la joie que j'ai trouvée en embrassant ma véritable identité. C'est un hommage à chaque femme qui a déjà senti qu'elle n'était pas à la hauteur, qu'elle était coincée dans une routine oppressante, ou qu'elle n'arrivait tout simplement pas à y arriver.
Avec chaque mot, chaque page, je veux que vous sentiez un lien, une étincelle de compréhension. Je veux que vous sachiez que vous n'êtes pas seule dans votre lutte. Que vous méritiez de l'amour, du bonheur et du respect, non pas malgré qui vous êtes, mais à cause de qui vous êtes. Vous êtes une femme extraordinaire, et ce livre est le miroir qui vous le montrera.

Je vous invite à me rejoindre dans ce voyage, à partager mes larmes, mes rires et mes réalisations. Laissez-moi vous montrer qu'il est possible de trouver le bonheur, même dans les moments les plus sombres. Parce que vous êtes une femme extraordinaire, et vous méritez de le savoir..

Suis-je véritablement une femme extraordinaire ?

Comment réagissez-vous face à un échec ?

a. *Je me blâme et pense que je ne suis pas assez bonne.*
b. *Je suis déçue, mais je sais que tout le monde échoue parfois.*
c. *Je le vois comme une opportunité d'apprendre et de grandir.*

Comment vous décririez-vous en une phrase ?

a. *Je suis ordinaire et il n'y a rien de spécial en moi.*
b. *Je suis une personne qui essaye de faire de son mieux.*
c. *Je suis une femme extraordinaire, avec des forces uniques et des talents précieux.*

Que pensez-vous de votre corps ?

a. *J'aimerais changer beaucoup de choses à propos de moi.*
b. *Je suis en paix avec la plupart de mes caractéristiques, mais certaines me dérangent.*
c. *Je célèbre mon corps pour ce qu'il est et tout ce qu'il peut faire.*

Comment gérez-vous la critique ?

a. *Ça me fait du mal et je m'enfonce.*
b. *C'est difficile, mais j'essaie d'en tirer des leçons.*
c. *Je l'écoute, je l'évalue et je l'utilise pour grandir.*

Comment vous sentez-vous lorsque vous prenez du temps pour vous-même ?

a. *Coupable, comme si je négligeais mes responsabilités.*
b. *Un peu mal à l'aise, mais je sais que c'est nécessaire.*
c. *Revigorée et consciente de l'importance de prendre soin de moi.*

Que faites-vous quand quelqu'un vous complimente ?

a. *Je détourne le compliment ou je pense qu'il n'est pas sincère.*
b. *Je remercie poliment, mais je ne le prends pas vraiment à cœur.*
c. *Je l'accepte avec gratitude et laisse le compliment me remplir de joie.*

Comment vous sentez-vous par rapport à votre parcours de vie ?

a. *Je me sens en retard ou en décalage par rapport à ce que je "devrais" avoir accompli.*
b. *Je suis fière de certaines choses, mais je sens que j'ai encore du chemin à faire.*
c. *Je célèbre mon parcours, avec ses hauts et ses bas, sachant que chaque étape m'a menée là où je suis aujourd'hui.*

Comment gérez-vous le stress ?

a. *Je suis souvent submergée et je n'arrive pas à gérer.*
b. *J'essaie différentes stratégies, mais parfois, le stress prend le dessus.*
c. *Je dispose de techniques pour gérer le stress et pour prendre soin de mon bien-être mental.*

Que pensez-vous de votre croissance personnelle ?

a. *Je ne vois pas beaucoup de changements en moi.*
b. *Je reconnais quelques domaines de croissance, mais j'ai encore beaucoup de travail à faire.*
c. *Je célèbre mon évolution et je suis enthousiaste à l'idée de continuer à apprendre et à grandir.*

Comment vous sentez-vous quand vous vous regardez dans le miroir ?

a. *Je me concentre sur mes défauts et ce que j'aimerais changer.*
b. *J'apprécie certaines choses en moi, mais j'ai du mal à m'accepter pleinement.*
c. *Je me souris, reconnaissant ma beauté intérieure et extérieure.*

Si vous avez une majorité de réponses **"a"**, *vous pouvez avoir tendance à vous dévaloriser et à ne pas voir votre véritable valeur. Cela peut venir d'expériences passées ou d'un sentiment d'insécurité.*
Ce livre est fait pour vous car il vous aidera à comprendre que vous êtes beaucoup plus que vos erreurs ou vos défauts. Il vous guidera dans le processus d'auto-acceptation et de valorisation de soi, et vous aidera à réaliser que vous êtes, en effet, une femme extraordinaire.

Si vous avez une majorité de réponses "b", vous êtes probablement déjà sur le chemin de l'acceptation de soi. Vous reconnaissez vos forces et vos faiblesses, et vous êtes consciente de votre valeur. Toutefois, il peut encore y avoir des moments où vous doutez de vous-même, ou où vous êtes dure envers vous-même.

Ce livre est parfait pour vous car il vous fournira des outils supplémentaires et des stratégies pour renforcer votre confiance en vous et votre amour-propre.

Si vous avez une majorité de réponses **"c"**, *vous vous considérez déjà comme une femme extraordinaire, ce qui est merveilleux ! Vous avez une forte estime de vous-même et vous savez comment prendre soin de votre bien-être mental et émotionnel. Mais même les femmes les plus fortes et les plus confiantes ont des moments de doute et des périodes difficiles.*

Ce livre est pour vous car il offre une source de réconfort, de validation et d'inspiration. De plus, les leçons et les histoires partagées dans ce livre peuvent vous aider à continuer à grandir et à vous épanouir.

INTRODUCTION

Imaginez-vous debout sur le sommet d'une montagne, les pieds ancrés dans la terre, le visage caressé par le vent. Vous sentez la force de la nature, son indomptable beauté, et vous réalisez que vous faites partie intégrante de ce tableau magnifique. Vous êtes une femme extraordinaire, et c'est ce que ce livre se propose de vous rappeler.

Dans la vie, nous sommes souvent pris dans le tourbillon des tâches quotidiennes, des responsabilités et des attentes sociales. Nous oublions parfois notre propre valeur, notre propre beauté. C'est particulièrement vrai pour nous, les femmes, qui portons fréquemment des charges émotionnelles et physiques importantes. Le poids de la vie peut nous faire oublier qui nous sommes réellement, nous faire oublier que nous sommes des êtres extraordinaires. Ce livre, ***Parce que tu es une femme extraordinaire,*** est une invitation à vous reconnecter à votre essence, à cette femme merveilleuse qui réside en vous. Il vous guidera à travers un voyage d'autodécouverte, vous aidant à retrouver votre pouvoir intérieur et à épanouir votre potentiel. Avec chaque page, vous découvrirez des outils et des conseils pour vous aider à vous affirmer, à vous aimer et à vivre une vie qui vous ressemble. Que vous soyez une jeune femme en quête d'identité, une mère débordée ou une femme d'âge mûr en pleine transition, ce livre est pour vous.

Préparez-vous pour un voyage de transformation, une aventure vers la découverte de la femme extraordinaire que vous êtes. Un voyage qui commencera dès l'instant où vous tournerez la page suivante. Soyez prête à vous émerveiller, à rire, à pleurer, à grandir. Soyez prête à rencontrer la femme extraordinaire que vous êtes.

Partie I :

NAÎTRE FEMME, GRANDIR FEMME

Chapitre 1 :

Le Fardeau Invisible

1.1 Les attentes sociétales

Le fardeau invisible... une expression qui peut paraître étrange, voire inconnue, mais qui résonne de manière surprenante une fois que l'on comprend sa signification. Le fardeau invisible est un poids souvent porté par les femmes, un poids qui n'est pas tangible, mais qui peut être écrasant. Et l'un des éléments les plus lourds de ce fardeau est sans aucun doute les attentes sociétales.
Les attentes sociétales sont omniprésentes, subtiles et parfois insidieuses. Elles forment une sorte de script invisible que nous sommes censées suivre. Pour les femmes, ce script comprend généralement des rôles traditionnels comme ceux de mère, d'épouse, de soignante et de soutien de famille. Il s'agit d'attentes qui peuvent être dures et restrictives, et qui peuvent laisser peu de place à l'individualité et à l'expression personnelle.

Laissez-moi vous raconter une histoire pour illustrer cela. Il y avait une femme nommée Sophie. Sophie était une femme dynamique, talentueuse et ambitieuse. Elle travaillait comme avocate et aimait son travail. Elle était passionnée par la justice et l'équité, et elle mettait toute son énergie dans ses affaires.

Mais Sophie était aussi une épouse et une mère. Et bien qu'elle aimât sa famille plus que tout, elle se sentait souvent dépassée par les attentes qui pesaient sur elle.

Voici comment se passait une journée typique pour Sophie :

6 h 00 : Réveil et préparation des enfants pour l'école.
8 h 00 : Arrivée au travail et début d'une longue journée.
18 h 00 : Retour à la maison, préparation du dîner, aide aux devoirs.
21 h 00 : Coucher des enfants, puis tâches ménagères.
23 h 00 : Un peu de temps pour elle, habituellement passé à répondre à des emails de travail.
Minuit : Enfin le sommeil.

Sophie se sentait épuisée, mais elle pensait que c'était normal. Après tout, n'était-ce pas ce qu'on attendait d'une femme ? N'était-ce pas ce qu'elle devait faire ?

Les choses ont commencé à changer lorsque Sophie a fait un burn-out. Elle s'est rendu compte qu'elle ne pouvait pas tout faire, et surtout, qu'elle n'était pas obligée de tout faire. Elle a commencé à comprendre que les attentes sociétales qui pesaient sur elle étaient à la fois irréalistes et injustes.

Voici quelques-unes des attentes que Sophie a identifiées :

Être une mère parfaite : elle devait toujours être disponible pour ses enfants, les nourrir, les aider avec leurs devoirs, les amener à leurs activités extra-scolaires...

Être une épouse dévouée : elle devait s'occuper de son mari, être une partenaire de soutien, maintenir une maison impeccable...

Être une professionnelle accomplie : elle devait exceller dans son travail, être toujours disponible, faire preuve d'un dévouement sans faille à sa carrière...

Sophie s'est rendu compte que ces attentes étaient non seulement écrasantes, mais aussi contradictoires. Comment pouvait-elle être à la fois une mère parfaite, une épouse dévouée et une professionnelle accomplie ? Il n'y avait tout simplement pas assez d'heures dans la journée.
L'histoire de Sophie n'est pas unique. De nombreuses femmes se retrouvent dans des situations similaires, submergées par des attentes qui semblent impossibles à atteindre. Le fardeau invisible des attentes sociétales est une réalité pour de nombreuses femmes, et il est temps de le reconnaître et de le déconstruire.

Les attentes sociétales peuvent exercer une pression énorme sur notre bien-être mental et physique. Essayons de comprendre cela en détail.

Stress et anxiété : lorsqu'il y a une pression constante pour correspondre à un certain idéal ou atteindre un certain standard, cela peut entraîner un stress important. Cela peut être encore pire si nous avons l'impression de ne jamais pouvoir atteindre ces attentes, ce qui peut entraîner des sentiments d'anxiété.

Estime de soi : les attentes sociétales peuvent également avoir un impact négatif sur notre estime de soi. Si nous avons constamment l'impression de ne pas être à la hauteur, cela peut affecter notre confiance en nous et notre perception de notre valeur personnelle.

Épuisement : essayer de tout faire et de tout faire parfaitement peut rapidement conduire à un épuisement, à la fois mental et physique. Cela peut avoir des effets néfastes sur notre santé, notamment en augmentant le risque de maladies liées au stress, comme les maladies cardiaques.

Santé mentale : les attentes sociétales peuvent contribuer à des problèmes de santé mentale tels que la dépression et l'anxiété. Le sentiment constant d'échec ou de non-accomplissement peut affecter notre humeur et notre perspective globale.

Négligence du soi : lorsque nous sommes préoccupés par le fait de répondre aux attentes des autres, nous pouvons souvent négliger nos propres besoins. Cela peut signifier négliger notre santé physique, ne pas prendre le temps de se reposer et de se détendre, ou ne pas prendre le temps de faire des choses que nous apprécions.

Il est essentiel de reconnaître ces effets pour pouvoir commencer à prendre des mesures afin de prendre soin de nous-mêmes. Le respect de ces attentes sociétales peut sembler une nécessité, mais au détriment de notre santé et de notre bonheur, cela n'en vaut pas la peine. C'est notre vie, et il est important que nous prenions soin de nous avant tout. C'est en cela que réside le véritable acte de courage et de résistance.

Le défi des attentes sociétales et la création de nos propres scripts de vie ne sont pas des tâches faciles, mais elles sont tout à fait réalisables. Voici quelques étapes que vous pouvez envisager :

Auto-réflexion : la première étape pour défier les attentes sociétales est de comprendre quelles sont-elles et comment elles affectent votre vie. Prenez un moment pour réfléchir à ce que la société attend de vous en tant que femme et à la manière dont ces attentes affectent votre bien-être.

Identifier vos désirs et besoins : une fois que vous avez une bonne idée des attentes qui pèsent sur vous, la prochaine étape consiste à identifier vos propres désirs et besoins. Qu'est-ce qui vous rend heureuse ? Qu'est-ce qui vous donne un sentiment d'épanouissement ? Quels sont vos objectifs personnels et professionnels ?

Définir vos limites : un aspect clé de la définition de votre propre script de vie est la définition de vos limites. Cela signifie dire non à certaines choses pour pouvoir dire oui à d'autres, qui sont plus en phase avec ce que vous voulez dans la vie. Cela peut être difficile, en particulier si vous êtes habituée à vous mettre en dernier, mais c'est une étape cruciale pour vivre selon vos propres termes.

Chercher du soutien : défier les attentes sociétales et vivre selon vos propres règles est une tâche ardue, et il est important d'avoir un soutien en cours de route. Cela peut provenir d'amis, de membres de la famille, de thérapeutes ou de groupes de soutien.

Vivre authentiquement : en fin de compte, défier les attentes sociétales et créer votre propre script de vie signifie vivre de manière authentique. Cela signifie être fidèle à vous-même, même lorsque cela peut être en contradiction avec ce que la société attend de vous. C'est votre vie, et vous méritez de la vivre de la manière qui vous rend la plus heureuse et la plus épanouie.

Le chemin pour défier les attentes sociétales et vivre selon vos propres règles n'est pas toujours facile, mais il est incroyablement gratifiant. Chaque petit pas que vous effectuez dans cette direction est une victoire. Et chaque victoire vous rapproche d'une vie qui vous fait vous sentir vraiment épanouie, heureuse et authentique. Vous êtes une femme extraordinaire, et vous avez le droit de vivre une vie qui reflète cela.

Rappelez-vous, vous êtes une femme extraordinaire, et vous méritez de vivre une vie qui vous fait vous sentir épanouie et heureuse, pas une vie dictée par des attentes sociétales irréalistes et restrictives. Alors prenez une grande respiration, et préparez-vous à vous libérer du fardeau invisible.

1.2 : L'auto-exigence et la quête de la perfection

Il y avait une fois une petite fille qui adorait dessiner. Elle prenait un crayon et une feuille de papier, et elle laissait son imagination la guider, créant des paysages colorés, des personnages fantastiques et des scènes de la vie quotidienne. Ses dessins n'étaient pas parfaits, mais ils étaient vibrants et pleins de vie, et chaque fois qu'elle terminait un dessin, elle était remplie d'une immense joie et fierté.

Mais en grandissant, quelque chose a changé.
La petite fille est devenue une femme, et avec cette transition sont venues les attentes et les pressions de la société. Elle a commencé à penser que ses dessins n'étaient pas assez bons, qu'ils devaient être parfaits pour être valides. Chaque trait de crayon était analysé, chaque couleur questionnée. La joie qu'elle ressentait en dessinant a commencé à se transformer en stress et en anxiété. Le dessin, autrefois source de joie, est devenu un fardeau invisible.

C'est une histoire que beaucoup d'entre nous pouvons comprendre. Nous pouvons ne pas être des artistes, mais nous portons tous notre propre "fardeau invisible", que ce soit en termes de travail, de relations, de soins personnels ou même de loisirs.

Dans notre quête constante de perfection, nous avons tendance à être dures envers nous-mêmes, à mettre la barre trop haut, créant une pression constante qui peut nous épuiser émotionnellement et physiquement. Cette tendance à l'auto-exigence peut nous empêcher de profiter pleinement de notre vie et de réaliser notre potentiel.

Prenons un moment pour réfléchir à cela.

Pensez à votre propre vie. Y a-t-il des domaines où vous vous mettez trop de pression pour être parfaite ? Ou votre auto-exigence vous empêche-t-elle de vous épanouir et de vous sentir épanouie ?

Pour beaucoup d'entre nous, ces domaines peuvent inclure :

Le travail : nous voulons être la meilleure employée, atteindre tous nos objectifs, être en constante progression.

Les relations : nous voulons être la partenaire parfaite, l'amie idéale, la mère modèle.

L'apparence : nous voulons avoir le corps parfait, être toujours bien habillée, avoir une peau impeccable.

Les loisirs : nous voulons être la meilleure dans nos hobbies, exceller dans tout ce que nous entreprenons.

Reconnaître ces domaines est la première étape pour surmonter l'auto-exigence et la quête de la perfection. Une fois que nous comprenons où nous nous mettons trop de pression, nous pouvons commencer à changer notre façon de penser et adopter une attitude plus indulgente envers nous-mêmes.

Alors, comment pouvons-nous faire cela ? Voici quelques suggestions :

Comprendre que la perfection n'existe pas : qu'est-ce que la perfection, après tout ? N'est-ce pas simplement une idée que nous avons créée dans notre esprit ? Chaque personne a ses forces et ses faiblesses, et ce qui est parfait pour une personne peut ne pas l'être pour une autre.

C'est absolument vrai. La notion de perfection est subjective et changeante, elle diffère d'une personne à l'autre, d'une culture à l'autre, et même d'un moment à un autre dans notre propre vie. Ce qui peut paraître parfait à nos yeux aujourd'hui peut ne pas l'être demain.

C'est cette perception fluctuante qui peut nous piéger dans un cycle sans fin de poursuite d'une perfection illusoire, nous empêchant d'apprécier ce que nous avons et ce que nous sommes déjà.

Qu'est-ce que la perfection, après tout ? N'est-ce pas un idéal inatteignable, modelé par nos propres insécurités et les pressions sociétales ? Peut-on même définir la perfection de manière tangible et universelle ? Probablement pas. En réalité, la perfection est une illusion, une chimère qui nous éloigne de notre véritable valeur et de notre authenticité.

Chaque personne est unique, avec ses forces, ses faiblesses, ses talents, ses défis, ses réussites et ses échecs. C'est cette complexité et cette unicité qui nous rendent humains et magnifiques. Si nous étions tous parfaits, nous serions tous identiques, sans défauts ni échecs pour nous aider à grandir et à évoluer. Ce sont nos imperfections qui nous permettent de nous développer, d'apprendre, de faire preuve de résilience et de montrer notre humanité.

La perfection n'est pas un standard à atteindre, mais un concept illusoire qui nous empêche de voir notre véritable valeur. Accepter cela, c'est faire preuve de bienveillance envers soi-même, c'est se donner la permission d'être humain, c'est reconnaître que nous sommes déjà extraordinaires tels que nous sommes, avec nos forces et nos faiblesses. C'est cela, la véritable perfection.

Pratiquer l'auto-compassion : il est important d'être doux avec nous-mêmes, de nous donner la permission de commettre des erreurs et de ne pas toujours être à la hauteur de nos propres attentes. Nous sommes humains, et l'erreur fait partie de notre nature.

Pratiquer l'auto-compassion est un acte de bienveillance envers soi-même, qui a le pouvoir de transformer nos vies. C'est l'art de se traiter avec la même douceur et la même compréhension que l'on traiterait un ami cher.

Nous sommes souvent nos propres juges les plus sévères. Nous nous critiquons pour nos erreurs, nous blâmons de ne pas atteindre nos objectifs et nous nous punissons pour ne pas répondre à nos propres attentes élevées. Cette critique intérieure constante peut entraîner une faible estime de soi, de l'anxiété et même de la dépression.

C'est là que l'auto-compassion entre en jeu. Elle implique de se traiter avec gentillesse, de reconnaître que l'échec et l'imperfection font partie de l'expérience humaine, et de maintenir une attitude de bienveillance envers soi-même, surtout en période de difficulté ou d'échec.
L'auto-compassion ne signifie pas ignorer nos erreurs ou éviter de prendre la responsabilité de nos actions. Au contraire, elle nous permet de reconnaître nos erreurs avec bienveillance, ce qui nous aide à apprendre de ces erreurs et à grandir.

Lorsque nous pratiquons l'auto-compassion, nous nous donnons la permission de ne pas être parfaits. Nous reconnaissons que, tout comme nous, tous les êtres humains ont des défauts, commettent des erreurs et connaissent des échecs. Cette prise de conscience peut nous aider à être moins dures envers nous-mêmes et à accepter que l'erreur fait partie de notre nature.
Alors, la prochaine fois que vous vous sentez submergée par la critique intérieure, rappelez-vous de pratiquer l'auto-compassion. Parlez-vous avec gentillesse, reconnaissez vos sentiments et souvenez-vous que vous êtes humain. Il est normal de ne pas toujours être à la hauteur de nos propres attentes. La clé est d'apprendre, de grandir et de continuer à avancer avec bienveillance envers soi-même.

Célébrer les petites victoires : plutôt que de nous concentrer sur ce que nous n'avons pas accompli, nous devrions célébrer ce que nous avons accompli. Chaque petit pas, chaque petite victoire compte.

La célébration des petites victoires est un élément fondamental de l'auto-compassion et de l'auto-amour. Nous vivons dans une société qui valorise souvent les grands succès, les accomplissements majeurs, et qui néglige parfois l'importance des petites victoires dans notre quotidien. Or, ces petites victoires sont tout aussi significatives et méritent d'être célébrées.

Chaque jour, nous accomplissons de nombreuses tâches, grandes et petites. Chaque tâche accomplie, chaque objectif atteint, chaque pas en avant, même le plus petit, est une victoire. Chaque fois que nous surmontons un défi, que nous apprenons quelque chose de nouveau, que nous sortons de notre zone de confort, ou que nous faisons un pas vers nos rêves, nous gagnons.

En célébrant ces petites victoires, nous reconnaissons notre croissance, nous nous validons et nous nous motivons à continuer d'avancer. Chaque célébration renforce notre confiance en nous, notre estime de nous et notre capacité à atteindre nos objectifs. Elle nous rappelle que nous sommes capables, compétents, et qu'il est possible de faire de grandes choses à partir de petits pas.

Célébrer les petites victoires, c'est aussi prendre un moment pour apprécier le chemin parcouru, et pas seulement la destination. C'est un rappel que chaque pas compte, que chaque effort compte, que chaque moment compte. C'est un acte d'amour envers soi-même, une reconnaissance de notre valeur et de nos efforts.

Alors, n'attendez pas d'atteindre un grand objectif pour célébrer. Célébrez chaque petit pas, chaque petite victoire sur le chemin. Chaque jour est une occasion de célébrer ce que vous avez accompli. N'oubliez pas, vous êtes une femme extraordinaire, et chaque pas que vous faites est une preuve de votre force et de votre détermination.

Se comparer à soi-même et non aux autres : nous avons tous notre propre parcours, nos propres défis et nos propres succès. Comparer notre parcours à celui des autres n'est pas juste et peut nous conduire à l'insatisfaction.

Se comparer à soi-même plutôt qu'aux autres est une étape essentielle pour réaliser son propre potentiel et construire une estime de soi solide. Nous vivons à une époque où il est facile de se perdre dans le dédale des réseaux sociaux, où la vie des autres est souvent présentée comme un idéal à atteindre. Cependant, cette comparaison constante peut mener à l'insatisfaction, au ressentiment et même à l'anxiété.

Il est important de se rappeler que chacun a son propre parcours unique, avec ses propres défis, ses propres réussites et ses propres leçons à apprendre. Nos vies sont un reflet de nos expériences, de nos choix, de nos valeurs et de nos aspirations. Comparer notre parcours à celui des autres, c'est ignorer cette individualité.

C'est pourquoi il est essentiel de se comparer à soi-même plutôt qu'aux autres. C'est dans la confrontation avec nous-mêmes que nous pouvons vraiment mesurer notre progrès et notre croissance. Avez-vous évolué par rapport à l'année dernière, au mois dernier, à hier ? Avez-vous appris quelque chose de nouveau ? Avez-vous surmonté un défi, aussi petit soit-il ? C'est cela qui compte vraiment.

Cette perspective peut transformer notre perception de nous-mêmes et de notre valeur. Elle nous permet de reconnaître notre propre progression, de célébrer nos succès et d'apprendre de nos erreurs. Elle nous encourage à devenir la meilleure version de nous-mêmes, pas une copie de quelqu'un d'autre.

Se comparer à soi-même est un acte d'auto-compassion et de reconnaissance de sa propre valeur. C'est un rappel que nous sommes uniques, que notre parcours est le nôtre et que nous méritons d'être célébrées pour cela. Alors, rappelez-vous de vous comparer à vous-même et non aux autres. Après tout, vous êtes votre propre standard de réussite.

Prendre soin de soi : il est essentiel de prendre du temps pour soi, pour se détendre, se ressourcer et faire des choses qui nous rendent heureuses. Lorsque nous prenons soin de nous, nous sommes mieux équipées pour faire face à l'auto-exigence et à la pression de la perfection.

Prendre soin de soi n'est pas un luxe, c'est une nécessité. Dans le tourbillon de la vie moderne, où les responsabilités et les exigences peuvent souvent sembler écrasantes, il est facile de négliger notre propre bien-être. Cependant, pour naviguer dans ce monde complexe et souvent stressant, il est essentiel de se ressourcer, de se détendre et de faire des choses qui nous rendent heureuses.

Prendre soin de soi, c'est nourrir notre corps, notre esprit et notre âme. C'est se donner le temps et l'espace pour se reposer, pour rire, pour créer, pour explorer, pour aimer et pour être aimé. C'est respecter nos limites, écouter nos besoins et nourrir nos passions. C'est faire des choix qui favorisent notre santé et notre bonheur.

Lorsque nous prenons soin de nous, nous créons une réserve d'énergie, de résilience et de bien-être qui nous aide à faire face aux défis de la vie, y compris l'auto-exigence et la pression de la perfection. Nous devenons plus patientes, plus compréhensives et plus aimantes envers nous-mêmes. Nous développons une meilleure estime de nous et une plus grande confiance en notre capacité à gérer les difficultés.

Prendre soin de soi, c'est aussi un acte d'auto-amour et d'auto-respect. C'est reconnaître que nous sommes dignes de soins, d'attention et de tendresse, tout comme n'importe qui d'autre. C'est un rappel que nous avons le droit de prioriser notre bien-être et notre bonheur.

Alors, faites une pause. Respirez profondément. Faites une promenade en nature. Lisez un livre inspirant. Écoutez votre musique préférée. Faites ce qui vous fait vous sentir bien, ce qui vous fait vous sentir vivante, ce qui vous fait vous sentir vous. Prenez soin de vous, parce que vous êtes une femme extraordinaire, et vous méritez tout le bonheur et le bien-être du monde.

La petite fille qui aimait dessiner a finalement réussi à surmonter son auto-exigence. Elle a appris à dessiner pour elle-même, à apprécier le processus et non seulement le résultat. Elle a compris que la perfection n'est pas le but, mais plutôt l'expression de soi, la joie et la satisfaction. Elle est devenue une femme extraordinaire, et vous aussi, vous pouvez le devenir.

Alors, la prochaine fois que vous vous sentirez submergée par l'auto-exigence et la quête de la perfection, souvenez-vous de la petite fille qui aimait dessiner. Souvenez-vous qu'il est normal de ne pas être parfaite, que l'important est de s'aimer soi-même et d'apprécier le voyage. Parce que vous êtes une femme extraordinaire.

Chapitre 2 :

Face Au Miroir, Reconnaître Ses Propres Chaînes

2.1 : La voix intérieure

La voix intérieure. Nous en avons toutes une, et bien souvent, elle est notre première et plus persistante critique. Elle murmure nos peurs et nos doutes, répétant des messages négatifs que nous avons absorbés tout au long de notre vie.

Il fut un temps où ma voix intérieure était mon pire ennemi. Je me regardais dans le miroir et tout ce que je pouvais entendre était cette petite voix, me rappelant mes défauts et mes échecs. *Tu n'es pas assez jolie, tu n'es pas assez intelligente, tu n'arriveras jamais à rien.* Ces pensées s'entremêlaient et formaient les chaînes invisibles qui m'empêchaient de me voir pour la femme extraordinaire que je suis réellement.

Je voudrais partager avec vous une histoire qui a été un moment charnière pour moi. Un jour, en regardant dans le miroir, je me suis retrouvée à fixer mes yeux.

J'ai réalisé que la femme qui me regardait en retour était fatiguée — pas seulement physiquement, mais émotionnellement et spirituellement. J'ai réalisé qu'elle méritait mieux. J'ai décidé alors à ce moment-là de commencer à défaire ces chaînes.
La première étape a été de reconnaître ma voix intérieure et les messages négatifs qu'elle véhiculait. J'ai commencé à noter chaque pensée négative qui me traversait l'esprit. C'était un défi, car il est difficile d'admettre à quel point nous pouvons être dures avec nous-mêmes.

Voici quelques-unes des pensées que j'ai notées :

Je suis trop grosse.
Je suis paresseuse.
Je ne suis pas assez intelligente.
Je n'ai pas de talent.
Personne ne m'aime vraiment.

C'était douloureux de voir ces pensées écrites sur papier, mais cela m'a permis de réaliser que ce n'était que cela : des pensées. Elles n'étaient pas la vérité, elles n'étaient pas moi.

La deuxième étape a été de les contester. Pour chaque pensée négative, j'ai écrit une affirmation positive. Par exemple, pour "Je suis trop grosse", j'ai écrit : "Mon corps est fort et capable de faire des choses incroyables." Pour "Je suis paresseuse", j'ai écrit : "Je suis humaine et il est normal de ne pas être toujours productive."

La troisième étape a été de commencer à intégrer ces affirmations positives dans ma vie quotidienne. Chaque matin, je me regardais dans le miroir et répétais ces affirmations. Au début, cela semblait étrange et peu naturel, mais avec le temps, ma voix intérieure a commencé à changer.

Ce n'était pas une transformation du jour au lendemain. C'était un processus, avec des hauts et des bas. Mais petit à petit, j'ai commencé à voir des changements. Je me suis sentie plus confiante, plus heureuse et plus en paix avec moi-même. Les chaînes que je m'étais imposées ont commencé à se dissoudre.

Chaque femme a sa propre voix intérieure, et chacune a ses propres chaînes à briser. Mais ce que j'aimerais que vous reteniez de mon histoire, c'est ceci : vous avez le pouvoir de changer votre voix intérieure. Vous avez le pouvoir de briser vos chaînes. Et vous méritez de vous voir pour la femme extraordinaire que vous êtes.

Voici quelques exercices et stratégies pour vous aider à libérer votre voix intérieure :

Journal de pensées

Commencez par tenir un "journal de pensées". Notez chaque pensée négative qui vous traverse l'esprit. Ce processus de prise de conscience est la première étape pour prendre le contrôle de votre dialogue intérieur.

Défi aux pensées négatives

Pour chaque pensée négative que vous avez notée, défiez-la avec une affirmation positive. Par exemple, si vous avez écrit "Je suis toujours en retard", remplacez cette pensée par "Je travaille à améliorer ma gestion du temps".

Pratique quotidienne d'affirmations

Incorporez ces affirmations positives dans votre routine quotidienne. Que ce soit devant le miroir le matin ou avant de vous coucher le soir, prenez quelques instants pour répéter ces affirmations.

Méditation de la voix intérieure

La méditation peut être un outil précieux pour calmer l'esprit et se connecter avec sa voix intérieure. Prenez quelques minutes chaque jour pour vous asseoir tranquillement, respirer profondément et laisser vos pensées passer sans jugement.

Pratique de la gratitude
La gratitude peut aider à équilibrer le dialogue interne en se concentrant sur les aspects positifs de votre vie. Chaque jour, notez trois choses pour lesquelles vous êtes reconnaissante.

Soutien extérieur
Ne sous-estimez jamais le pouvoir d'un soutien extérieur. Parlez à un ami de confiance, un conseiller ou un coach. Ils peuvent vous aider à voir des perspectives que vous pourriez manquer.

Auto-compassion
Finalement, pratiquez l'auto-compassion. Soyez douce avec vous-même lorsque vous luttez contre vos pensées négatives. Rappelez-vous que vous êtes humaine et que le changement prend du temps.

Rappelez-vous, le changement ne se produit pas du jour au lendemain. Cela nécessite de la patience, de la persévérance et de la compassion envers soi-même. Alors, donnez-vous la permission de progresser à votre propre rythme.

2.2 : Se regarder sans filtres

Le miroir est bien plus qu'un simple reflet. C'est une fenêtre vers nous-mêmes, une projection de ce que nous pensons être, de ce que nous voulons être et de ce que nous redoutons d'être. Le miroir ne ment pas, il nous montre telles que nous sommes, sans filtres. Il ne nous cache rien, et pourtant, il peut parfois être notre pire ennemi. Pourquoi ? Parce que le miroir nous révèle aussi nos propres chaînes. C'est dans cette perspective que nous allons explorer ce sous-chapitre, "Se regarder sans filtres".

Le chemin de l'acceptation de soi est semé d'embûches et de défis, et cela peut souvent commencer par le miroir. Laissez-moi vous raconter l'histoire d'Isabelle, une femme que j'ai rencontrée lors de l'un de mes séminaires. Isabelle était une femme belle et talentueuse, mais quand elle se regardait dans le miroir, tout ce qu'elle voyait était ses défauts et ses imperfections. Elle ne pouvait pas se voir sans filtres, sans ces chaînes qu'elle s'était imposée.

Les chaînes d'Isabelle

La pression sociale : vivant dans une société qui valorise tant la perfection physique, Isabelle se sentait constamment en décalage avec l'idéal féminin présenté par les médias.

Les commentaires négatifs : les remarques de son entourage sur son apparence avaient renforcé ses propres critiques.

Les comparaisons : elle se comparaissait sans cesse à d'autres femmes, pensant qu'elles étaient plus belles, plus minces, plus réussies.

La peur du rejet : la crainte d'être jugée ou rejetée en raison de son apparence était une chaîne qui la retenait.

Ces chaînes empêchaient Isabelle de se voir telle qu'elle était réellement, une femme extraordinaire.

Alors, comment Isabelle a-t-elle réussi à se libérer de ces chaînes et à se voir sans filtres ?

Acceptation : le premier pas a été d'accepter ses imperfections et de comprendre qu'elles ne définissent pas sa valeur. Isabelle a appris à regarder ses imperfections comme faisant partie de son unicité.

Positivité : Isabelle a commencé à se concentrer sur ses qualités et sur ce qu'elle aimait chez elle, plutôt que sur ses défauts. Chaque jour, elle se regardait dans le miroir et se disait à elle-même une chose qu'elle aimait chez elle.

Gratitude : Isabelle a commencé à être reconnaissante pour son corps et tout ce qu'il lui permettait de faire. Elle a appris à apprécier son corps non pas pour son apparence, mais pour sa fonctionnalité.

Affirmations : elle a utilisé des affirmations positives pour renforcer son estime de soi et son amour-propre.

Limitation des comparaisons : Isabelle a fourni un effort conscient pour arrêter de se comparer aux autres. Elle a compris que chaque femme est unique et possède sa propre beauté.

Recherche de soutien : Isabelle a cherché du soutien auprès de professionnels, comme des coachs de vie et des thérapeutes, pour l'aider à travailler sur son estime de soi et son image corporelle.

La transformation d'Isabelle n'a pas été instantanée. Il lui a fallu du temps pour apprendre à se voir sans filtres, à se libérer de ses chaînes. Mais chaque jour, elle avançait un peu plus sur le chemin de l'acceptation de soi.

Comme Isabelle, vous pouvez aussi apprendre à vous voir sans filtres. Les chaînes que vous avez peuvent être différentes, mais le processus de libération est le même. Il commence par l'acceptation de soi et l'amour-propre.

Alors, la prochaine fois que vous vous regarderez dans le miroir, rappelez-vous d'Isabelle. Rappelez-vous que vous êtes une femme extraordinaire, avec ou sans vos imperfections. Et, surtout, rappelez-vous de regarder sans filtres, de regarder avec amour et acceptation. Car c'est en vous voyant telle que vous êtes vraiment que vous pourrez commencer à vous libérer de vos chaînes.

En conclusion, le miroir n'est pas votre ennemi. Il peut être votre meilleur allié sur le chemin de l'acceptation de soi si vous apprenez à vous regarder sans filtres. Vous êtes une femme extraordinaire, et il est temps que vous commenciez à vous voir comme telle.

Chapitre 3 :

Les Échecs, Ces Maîtres Déguisés

3.1 : Apprendre à tomber pour mieux se relever

Le troisième chapitre de mon parcours se déploie comme un tapis de vérité inattendue. Les échecs, ces maîtres déguisés. Et je peux vous dire qu'ils ne sont pas venus chez moi pour faire semblant. Non, ils ont pris leurs quartiers avec une audace impitoyable. Pourtant, c'est parmi eux que j'ai trouvé une sagesse insoupçonnée.

Permettez-moi de vous parler plus précisément de la leçon fondamentale de ce chapitre : apprendre à tomber pour mieux se relever. Ça sonne comme un cliché, n'est-ce pas ? C'est ce que je pensais aussi, jusqu'à ce que je vive cet enseignement dans ma propre chair.

Il y a quelques années, j'ai entrepris un projet qui me tenait à cœur. Un café littéraire. Un endroit où les gens pourraient se rassembler, partager des idées et des histoires autour d'une tasse de café. J'avais investi beaucoup de temps et d'argent dans ce projet. J'avais tout préparé, de l'ambiance du café jusqu'aux livres sur les étagères.

Cependant, après seulement six mois d'ouverture, j'ai dû fermer les portes. Les factures s'accumulaient, les clients n'étaient pas aussi nombreux que prévu, et mon rêve s'effritait. Je me sentais comme un échec total.

Laissez-moi vous dire quelque chose sur l'échec. C'est un excellent maître, mais un compagnon terrible. Il se faufile dans vos pensées, vous fait douter de vous-même et vous laisse un sentiment d'insuffisance. J'étais tombée, et je ne savais pas comment me relever.

Mais alors, j'ai commencé à réaliser quelque chose. C'est dans ces moments-là, quand nous sommes à terre, que nous avons l'opportunité de grandir le plus. Je me suis donc lancée dans une quête pour comprendre ce qui n'avait pas fonctionné, pour tirer des leçons de cet échec.

Voici les trois leçons principales que j'ai apprises :

Faire une auto-évaluation honnête : il est crucial de comprendre nos erreurs. J'ai réalisé que j'avais sous-estimé le coût financier de l'ouverture d'un café et que je n'avais pas fait assez de marketing. C'était douloureux à admettre, mais nécessaire pour grandir.

Accepter et pardonner : il est facile de se blâmer et de se punir pour nos échecs. Mais l'auto-flagellation n'aide pas à avancer. J'ai dû apprendre à m'accepter, avec mes imperfections et mes erreurs, et à me pardonner.

Se relever et aller de l'avant : une fois que vous avez compris ce qui n'a pas fonctionné et que vous vous êtes pardonné, il est temps de se relever et d'aller de l'avant. J'ai pris les leçons apprises de mon échec et j'ai commencé à planifier mon prochain projet avec une nouvelle perspective.

Chacune de ces étapes était essentielle pour transformer mon échec en une opportunité de croissance.

Pour illustrer ces points, je vous présente ce tableau :

Étapes	Description	Exemple de mon expérience
Auto-évaluatio n	Comprendre ce qui a mal tourné	J'avais sous-estimé les coûts financiers
Acceptati on et pardon	Accepter l'échec et se pardonner	J'ai dû apprendre à m'aimer malgré mes erreurs
Se relever et avancer	Utiliser les leçons apprises pour avancer	J'ai planifié mon prochain projet avec une nouvelle perspective

Vous l'avez compris, l'échec peut être un maître impitoyable. Mais si nous apprenons de lui, si nous l'acceptons comme une partie de notre parcours, il peut nous aider à devenir des versions plus fortes et plus résilientes de nous-mêmes. Comme on dit, ce qui ne nous tue pas nous rend plus forts.

Finalement, mon café littéraire n'a pas été le succès que j'avais espéré, mais il a été le tremplin qui m'a amenée là où je suis aujourd'hui. J'ai appris à tomber, mais plus important encore, j'ai appris à me relever.

Alors, chère lectrice, si vous vous trouvez à terre, n'oubliez pas que vous avez le pouvoir de vous relever. Vous êtes une femme extraordinaire, et même dans l'échec, vous pouvez trouver la force de grandir.

3.2 : LA résilience comme super-pouvoir

La résilience est souvent dépeinte comme une superpuissance que possèdent certaines personnes et pas d'autres. Mais la réalité est que la résilience est comme un muscle : plus vous l'utilisez, plus elle se renforce. À travers les pages de ce livre, je voudrais vous emmener dans un voyage de découverte de votre propre superpuissance de résilience.

Nous avons tous rencontré l'échec à un moment ou à un autre. Il pourrait s'agir d'un échec professionnel, comme le fait d'être renvoyé d'un emploi, de ne pas obtenir une promotion souhaitée, ou d'échouer dans une entreprise. Il pourrait s'agir d'un échec personnel, comme l'échec d'un mariage, la difficulté à être un bon parent, ou l'impossibilité d'atteindre un objectif personnel important.

La vérité est que l'échec fait partie intégrante de la vie. Mais ce qui distingue ceux qui réussissent de ceux qui stagnent, ce n'est pas l'absence d'échec, mais la façon dont ils y réagissent. Ce qui fait la différence, c'est la résilience.

La résilience est ce qui nous permet de nous relever après un échec, de tirer des leçons de nos erreurs, et de continuer à avancer avec une détermination renouvelée. La résilience est ce qui transforme l'échec en un tremplin vers le succès.

Alors, comment pouvez-vous développer votre résilience ? Voici quelques stratégies que j'ai découvertes au fil des ans :

Acceptez l'échec : le premier pas vers la résilience est d’accepter que l’échec fait partie de la vie. Nous avons tous des hauts et des bas, et personne n’est parfait. Lorsque vous l’acceptez comme une possibilité, vous réduisez la peur de l'échec, qui peut souvent être un obstacle majeur à la prise de risques et à la poursuite de vos objectifs.

En effet, l'acceptation de l'échec comme une réalité inévitable de la vie est une étape cruciale vers la résilience. Je me souviens d'une époque où cela me terrorisait. Je voyais l'échec non pas comme une expérience d'apprentissage, mais comme un reflet de ma valeur en tant que personne. Cette peur m'a empêchée d'essayer de nouvelles choses, d'explorer de nouvelles idées et d'embrasser de nouvelles opportunités.

Pourtant, avec le temps, j'ai appris que l'échec est un professeur silencieux mais puissant. Chaque déconvenue m'a enseigné quelque chose de précieux sur moi-même, sur les autres et sur le monde qui m'entoure. J'ai appris que l'échec n'est pas le contraire du succès, mais une partie intégrante du processus qui mène au succès.

La peur de l'échec peut être paralysante. Elle peut nous empêcher de prendre des risques, de poursuivre nos rêves, et de vivre pleinement notre vie. En revanche, lorsque nous acceptons l'échec comme une possibilité, nous sommes libres d'explorer, de créer, d'innover et de grandir. Nous sommes libres d'apprendre de nos erreurs et de les utiliser comme des tremplins vers notre prochain succès.

L'acceptation de l'échec nous libère de la pression d'être parfaits. Elle nous permet de reconnaître que nous sommes des êtres humains imparfaits qui apprenons et grandissons constamment. Elle nous rappelle que c'est bien de commettre des erreurs, tant que nous en tirons des leçons et que nous nous efforçons de faire mieux la prochaine fois.

Accepter l'échec ne signifie pas que nous aimons échouer ou que nous cherchons à échouer. Cela signifie simplement que nous comprenons que l'échec est une partie inévitable et précieuse de la vie. Cela signifie que nous sommes prêts à affronter les défis, à surmonter les obstacles, et à nous relever chaque fois que nous tombons.

En acceptant l'échec, nous prenons le premier pas vers le développement de notre résilience. Nous apprenons à voir l'échec non pas comme une fin, mais comme un début. Nous apprenons à voir l'échec non pas comme une défaite, mais comme une opportunité. Et surtout, nous apprenons que, quel que soit le nombre de fois où nous tombons, nous avons toujours en nous la capacité de nous relever et de continuer à avancer.

Alors, quelle que soit la taille de l'échec que vous rencontrez, rappelez-vous ceci : l'échec n'est pas la fin. C'est simplement le début de votre prochaine grande aventure.

Apprenez de vos erreurs : chaque échec est une opportunité d'apprendre. Quand vous faites une erreur, au lieu de vous blâmer ou de vous sentir coupable, demandez-vous : "Qu'est-ce que je peux apprendre de cette expérience ? Qu'est-ce que je ferais différemment la prochaine fois ?"

Les erreurs sont, à mon sens, les enseignantes les plus patientes et les plus dévouées. Elles sont toujours prêtes à nous montrer où nous avons faux, à condition que nous soyons prêts à écouter.

Je me souviens d'une époque où j'étais tellement obsédée par la perfection que j'évitais activement de faire des erreurs. Je pensais que si je pouvais tout faire correctement, je ne connaîtrais jamais d'échecs ni de déceptions. Mais bien sûr, ce n'est pas la réalité. Peu importe à quel point nous essayons d'éviter les erreurs, elles se produisent toujours. Et la vérité est qu'elles sont censées se produire.

Car ce sont elles qui nous permettent d'apprendre et de grandir. Elles nous montrent où sont nos faiblesses, et nous offrent une occasion de les transformer en forces. Elles nous révèlent nos zones d'inconfort, et nous encouragent à sortir de notre zone de confort pour explorer de nouvelles possibilités. Elles nous obligent à nous arrêter, à réfléchir et à évaluer notre approche afin que nous puissions trouver des moyens plus efficaces et plus productifs d'atteindre nos objectifs.

Alors, comment apprend-on de nos erreurs ? Le premier pas est de les accepter. Au lieu de les nier ou les cacher, nous devons les reconnaître et les accepter. C'est seulement lorsque nous acceptons nos erreurs que nous pouvons commencer à en apprendre quelque chose.

Ensuite, nous devons analyser nos erreurs. Qu'est-ce qui a mal tourné ? Pourquoi cela a-t-il mal tourné ? Qu'aurions-nous pu faire différemment ? En posant ces questions, nous pouvons découvrir les leçons cachées derrière nos erreurs.

Enfin, nous devons appliquer ce que nous avons appris. Une erreur n'est une bonne enseignante que si nous tirons une leçon d'elle. Sinon, elle n'est qu'une erreur. Donc, une fois que vous avez découvert ce que vous pouvez apprendre de votre erreur, assurez-vous de l'appliquer à votre situation actuelle et future.

Il est important de noter que l'apprentissage de nos erreurs ne signifie pas que nous ne ferons plus jamais d'erreurs. Nous sommes des êtres humains, et les êtres humains commettent des erreurs. Ce qui compte, c'est la manière dont nous réagissons à ces erreurs.

Alors, la prochaine fois que vous faites une erreur, ne la fuyez pas. Embrassez-la. Apprenez d'elle. Et utilisez-la comme une occasion de grandir et de devenir une version meilleure et plus forte de vous-même.

Cultivez l'optimisme : les personnes résilientes ont tendance à avoir une vision optimiste de la vie. Elles voient le bon côté des choses, et ont confiance en leur capacité à surmonter les difficultés. L'optimisme n'est pas naïveté ; c'est une conviction profonde que vous pouvez naviguer à travers les défis de la vie.

Cultiver l'optimisme est comme cultiver une plante dans un jardin. Cela demande du temps, de la patience, et surtout de l'attention constante. C'est une habitude que nous devons consciemment nourrir et entretenir.

Cela me rappelle un moment particulier de ma vie où je me trouvais dans une situation extrêmement difficile. J'avais l'impression d'être piégée, sans aucune issue. J'étais submergée par les sentiments d'échec et de désespoir. C'était comme si un nuage noir avait envahi mon ciel et que je ne voyais aucune lumière à l'horizon.

Mais au lieu de me laisser submerger par ces sentiments, j'ai choisi de me concentrer sur le bon côté des choses. J'ai choisi de voir chaque défi comme une occasion de grandir et d'apprendre. J'ai choisi de croire en ma capacité à surmonter ces défis. Et plus j'étais optimiste, plus je trouvais des moyens de surmonter ces défis.

L'optimisme, je l'ai découvert, n'est pas un sentiment passif. C'est une action active. C'est un choix que nous faisons chaque jour. Nous choisissons de voir le bon côté des choses. Nous choisissons de croire en nos capacités. Nous choisissons de rester positifs malgré les défis et les obstacles.

Et il est important de souligner que l'optimisme n'est pas la même chose que la naïveté. Être optimiste ne signifie pas ignorer les problèmes ou faire semblant qu'ils n'existent pas. Au contraire, être optimiste signifie reconnaître les problèmes, mais croire en notre capacité à les surmonter.

En cultivant l'optimisme, nous cultivons notre résilience. Nous apprenons à voir les défis non pas comme des obstacles insurmontables, mais comme des opportunités pour apprendre, grandir et devenir une version plus forte de nous-mêmes. Et cela, je crois, est l'un des plus grands super pouvoirs que nous puissions posséder.

Prenez soin de vous : il est difficile d'être résiliente si vous êtes épuisée, stressée ou malade. Prenez soin de votre santé physique en faisant régulièrement de l'exercice, en mangeant sainement et en dormant suffisamment. Prenez soin de votre santé mentale en pratiquant la relaxation, la méditation, ou d'autres techniques de gestion du stress.

Prendre soin de soi est non seulement essentiel pour notre bien-être général, mais aussi crucial pour renforcer notre résilience. En fait, je dirais que c'est la fondation sur laquelle elle se construit. Si cette fondation est faible, tout ce que nous construisons par-dessus sera instable.

Permettez-moi de partager avec vous une expérience personnelle à ce sujet. Il y a quelques années, j'étais tellement concentrée sur mes objectifs et mes responsabilités que j'ai négligé ma propre santé et mon bien-être. J'étais constamment fatiguée, stressée et malheureuse. En conséquence, ma capacité à rebondir face aux défis et aux échecs a diminué. Je me suis sentie épuisée et dépassée.

C'est alors que j'ai réalisé l'importance de prendre soin de moi. J'ai commencé à faire régulièrement de l'exercice, à manger plus sainement et à dormir suffisamment. J'ai également pris du temps chaque jour pour me détendre et me déstresser, que ce soit par la méditation, la lecture, ou simplement en passant du temps dans la nature.

J'ai découvert que ces changements simples ont eu un impact énorme sur ma résilience. J'étais plus énergique, plus concentrée, et surtout, j'étais mieux équipée pour faire face aux défis et aux obstacles qui se présentaient à moi.

C'est pourquoi je recommande à toutes les femmes extraordinaires là-bas de faire de leur bien-être une priorité. Prenez soin de vous, pas seulement physiquement, mais aussi mentalement et émotionnellement. Car c'est lorsque vous êtes à votre meilleur que vous êtes le plus capable de surmonter les défis, de rebondir après les échecs, et de réaliser vos aspirations.

Et n'oubliez pas : prendre soin de vous n'est pas un acte d'égoïsme. C'est un acte d'amour de soi. Et lorsque vous vous aimez, vous êtes en mesure d'aimer et de prendre soin des autres de manière plus authentique et plus profonde. Ainsi, en prenant soin de vous, vous prenez soin du monde.

Entourez-vous de soutien : nous ne sommes pas censés faire face à la vie seuls. Nous avons tous besoin de soutien, d'encouragement, et de personnes qui croient en nous. Entourez-vous de personnes positives et bienveillantes qui peuvent vous aider à traverser les moments difficiles.

Le soutien social joue un rôle essentiel dans notre capacité à être résilients. Nous sommes des êtres sociaux par nature et nous avons besoin des autres pour nous soutenir, nous encourager et nous aider à traverser les moments difficiles.

Je me souviens d'un moment particulièrement difficile de ma vie où je me suis retrouvée face à une série d'échecs personnels et professionnels. J'étais découragée, épuisée et sur le point d'abandonner. C'est alors que mes amis et ma famille sont intervenus. Ils m'ont soutenue, m'ont encouragée et m'ont aidée à voir la lumière au bout du tunnel. Sans leur soutien, je ne suis pas sûre que j'aurais pu surmonter ces épreuves.

Mais le soutien ne se limite pas à nos amis et à notre famille. Il peut également venir de mentors, de collègues, de groupes de soutien, de conseillers, et même d'étrangers bienveillants. L'important est d'être entouré de personnes positives et bienveillantes qui croient en nous et en notre capacité à surmonter les défis.

Il est également important de mentionner que le soutien est un chemin à double sens. Autant nous avons besoin du soutien des autres, autant ils ont besoin du nôtre. En soutenant les autres, nous renforçons non seulement notre propre résilience, mais nous contribuons également à la résilience de notre communauté.

Alors, n'hésitez pas à demander de l'aide lorsque vous en avez besoin. Et n'hésitez pas non plus à offrir votre aide lorsque vous le pouvez. Ensemble, nous sommes plus forts. Ensemble, nous sommes extraordinaires.

Rappelez-vous que la résilience n'est pas une destination, mais un voyage. Il n'y a pas de "fin" à la résilience ; c'est une compétence que vous pouvez continuer à développer tout au long de votre vie. Chaque échec, chaque défi, chaque difficulté est une opportunité de renforcer votre résilience et de devenir une version plus forte et plus résiliente de vous-même.

En cultivant votre résilience, vous pouvez transformer vos échecs en occasions de croissance, de découverte et de transformation. Vous pouvez vous élever au-dessus de vos échecs et utiliser ces expériences pour devenir la personne que vous êtes censée être. Parce que vous êtes une femme merveilleuse, et que vous avez en vous la superpuissance de la résilience. Alors, quel que soit l'échec ou le défi que vous rencontrez, n'oubliez jamais : vous avez le pouvoir de vous relever, de vous reconstruire, et de briller encore plus fort.

Chapitre 4 :

Écouter Pour Entendre, Comprendre Pour Changer

4.1 : Comprendre ses propres émotions

Comprendre ses propres émotions est une étape cruciale dans le cheminement personnel et émotionnel de chaque individu. C'est la fondation sur laquelle repose notre capacité à interagir de manière significative et authentique avec le monde qui nous entoure. Dans ce sous-chapitre, nous allons explorer ensemble ce qu'il faut pour comprendre nos propres émotions, comment nous pouvons y parvenir, et pourquoi c'est si important pour notre bien-être et notre développement personnel.

Qu'est-ce que comprendre ses émotions signifie vraiment ?

La première étape pour comprendre nos émotions est de reconnaître qu'elles existent et qu'elles sont valides. Nos émotions ne sont ni bonnes ni mauvaises, elles sont simplement là, agissant comme des messagers de notre monde intérieur.

Comprendre nos émotions signifie être capable d'identifier ce que nous ressentons, de savoir pourquoi nous le ressentons, et d'être conscient de la façon dont nos émotions influencent nos pensées et nos actions.

Pourquoi est-il important de comprendre nos émotions ?
Les émotions sont au cœur de l'expérience humaine. Elles influencent notre perception de nous-mêmes et du monde qui nous entoure, notre capacité à prendre des décisions, et la qualité de nos relations avec les autres. Ignorer nos émotions ou les refouler peut conduire à une détresse émotionnelle, tandis que les comprendre peut nous aider à nous connaître mieux, à prendre soin de notre bien-être mental et à naviguer de manière plus efficace dans notre vie.

Comment pouvons-nous comprendre nos émotions ?
Il existe plusieurs stratégies qui peuvent nous aider à comprendre nos émotions :

L'auto-réflexion : passer du temps seul avec nos pensées et nos sentiments peut nous aider à comprendre ce que nous ressentons réellement. L'écriture dans un journal ou la méditation peuvent être des outils utiles pour cette auto-réflexion.

Le dialogue intérieur : parler à nous-mêmes de nos émotions, comme si nous parlions à un ami, peut nous aider à les voir sous un nouvel angle et à mieux les comprendre.

L'apprentissage : il existe de nombreuses ressources, comme les livres, les podcasts, et les ateliers, qui peuvent nous aider à en apprendre davantage sur les émotions et à développer notre intelligence émotionnelle.

L'expression créative : des activités comme la peinture, la danse, ou l'écriture peuvent nous aider à exprimer nos émotions et à les comprendre à un niveau plus profond.

Le chemin vers la compréhension émotionnelle

Comprendre nos émotions n'est pas un processus qui se fait du jour au lendemain. C'est un voyage qui nécessite du temps, de la patience et de la compassion envers nous-mêmes. Il y aura des moments de confusion, de douleur, et peut-être même de résistance. Mais il y aura aussi des moments de clarté, de guérison et de transformation. Chaque pas que nous faisons sur ce chemin nous rapproche de nous-mêmes, de notre vérité et de notre potentiel.

Comprendre nos propres émotions est un voyage qui en vaut la peine. C'est un voyage qui nous permet de vivre plus pleinement, plus authentiquement et avec plus de compassion envers nous-mêmes et les autres. Et c'est un voyage qui nous rappelle que, oui, nous sommes vraiment des femmes extraordinaires.

4.2 : S'accepter et accepter le changement

Nous avons tous entendu l'expression "le changement est la seule constante dans la vie". Pourtant, malgré cette certitude universelle, l'acceptation du changement reste l'un des plus grands défis que nous ayons à relever en tant qu'êtres humains. S'ajoute à cela le défi de s'accepter soi-même, avec toutes nos forces, nos faiblesses, nos échecs et nos réussites. Ces deux acceptations sont intrinsèquement liées. Elles sont le fil conducteur de notre voyage personnel et sont à la base de notre bien-être et de notre épanouissement.

J'ai moi-même dû faire face à ces défis. Je me souviens d'une période particulièrement difficile dans ma vie où j'ai été confrontée à un changement majeur. Ma vie telle que je la connaissais avait été bouleversée. Je devais faire face à une nouvelle réalité qui me paraissait étrange et intimidante. À cette époque, je me suis accrochée à ce que j'avais perdu, me battant contre les courants du changement au lieu de les accepter.

L'un des moments les plus marquants de cette période a été une conversation avec une vieille amie, Léa. Léa avait toujours eu cette sagesse intemporelle et un calme apaisant. Elle m'a dit : *Le changement est comme un fleuve. Tu peux essayer de nager à contre-courant, mais tu te fatigueras.* Au lieu de cela, essaie de te laisser porter par le courant et vois où il te mène. Ces paroles ont résonné en moi et ont déclenché un processus de réflexion qui m'a finalement amenée à accepter le changement et à m'accepter moi-même.

Reconnaissance : la première étape pour accepter le changement et s'accepter soi-même est la reconnaissance. Reconnaître que le changement est inévitable et que nous sommes tous imparfaits. J'ai dû me regarder dans le miroir, accepter ma réalité et admettre que la vie telle que je la connaissais avait changé. C'était effrayant, mais c'était le premier pas vers l'acceptation.

Reconnaître est probablement l'une des tâches les plus difficiles lorsque l'on est confronté à un changement majeur ou à une réalité sur soi-même qui nous fait peur ou nous dérange. Mais, c'est aussi la première étape vers une transformation significative. Lorsque ma vie a pris un tournant inattendu, j'ai ressenti de la peur, de l'anxiété, voire du déni. Mais je me suis rendu compte que je ne pouvais pas fuir indéfiniment. Il fallait que je regarde la réalité en face, que je reconnaisse ce qui était en train de se passer.

Je me souviens d'un soir particulier où je me tenais devant mon miroir, le regard fixé sur mon propre reflet. C'était un moment de vérité. Je me suis regardée, vraiment regardée, et j'ai admis à haute voix : "Ma vie a changé. Je ne suis plus la même. Et c'est effrayant." C'était terrifiant à admettre, mais en même temps, c'était un soulagement. J'avais enfin mis des mots sur ce que je ressentais, j'avais nommé la réalité telle qu'elle était.

Reconnaître que le changement est inévitable est un aspect fondamental de ce processus. Le changement fait partie intégrante de notre existence. Nous évoluons constamment, que ce soit physiquement, émotionnellement ou spirituellement. Le monde autour de nous se modifie également. Parfois, ces changements sont excitants et bienvenus, d'autres fois, ils sont effrayants et indésirables. Mais quels que soient les changements que nous rencontrons, leur acceptation commence par la reconnaissance.

Parallèlement à la reconnaissance du changement, j'ai dû apprendre à reconnaître et à accepter mes imperfections. Nous vivons dans un monde qui valorise la perfection et cela peut nous amener à croire que nous devons être parfaits pour être aimés ou acceptés.

Mais la vérité est que nous sommes tous imparfaits. Nous avons tous nos forces et nos faiblesses, nos succès et nos échecs. C'est ce qui nous rend uniques et humains.

C'était un processus difficile pour moi. Il y avait des aspects de moi-même que je n'aimais pas, des choses que j'aurais aimé changer. Mais j'ai réalisé que ces imperfections font partie de moi. Elles ont façonné qui je suis aujourd'hui et continueront de le faire à l'avenir. Reconnaître et accepter ces imperfections a été un élément clé de mon voyage vers l'acceptation de soi.

Cela ne s'est pas fait du jour au lendemain. Il a fallu du temps et de la patience. Mais chaque pas, aussi petit soit-il, m'a rapprochée de l'acceptation de moi-même et du changement. Et avec chaque pas, j'ai réalisé à quel point j'étais véritablement une femme extraordinaire. Et je suis convaincue que vous l'êtes aussi.

Lâcher prise : ensuite, il a fallu apprendre à lâcher prise. Cela signifie laisser aller nos attentes, nos idées préconçues sur la façon dont les choses *devraient* être, et nos jugements sur nous-mêmes. Lâcher prise ne signifie pas renoncer, mais plutôt s'ouvrir à de nouvelles possibilités.

Lâcher prise est une notion à la fois simple et complexe. Simple dans son concept, mais complexe dans sa mise en œuvre. Quand ma vie a pris une tournure inattendue, j'ai d'abord résisté. J'étais en colère, frustrée, et j'avais des attentes précises sur la manière dont les choses *devraient* être. J'étais emprisonnée par mes propres idées préconçues et mon refus d'accepter la réalité.

L'un des moments les plus difficiles pour moi a été de lâcher prise de l'image idéalisée que j'avais de moi-même. Je me jugeais sévèrement, critiquant chaque petit défaut, chaque échec. Je me comparais constamment aux autres, me sentant toujours en dessous, jamais à la hauteur. C'était épuisant et destructeur.

Lâcher prise ne signifie pas renoncer ou se résigner. Il ne s'agit pas d'ignorer nos sentiments ou nos défis. Au contraire, lâcher prise signifie ouvrir son esprit et son cœur à de nouvelles possibilités. C'est reconnaître et accepter que nous ne contrôlons pas tout dans la vie, et que c'est d'accord. C'est comprendre que la vie est pleine de surprises, certaines agréables, d'autres pas, mais toutes faisant partie de notre voyage unique.

Quand j'ai commencé à lâcher prise de mes attentes, de mes jugements, j'ai découvert un nouveau sens de la liberté. J'ai commencé à voir les choses sous un angle différent. J'ai réalisé que chaque expérience, bonne ou mauvaise, est une occasion d'apprendre et de grandir. J'ai commencé à voir les échecs non pas comme des fins en soi, mais comme des opportunités de croissance et de développement personnel.

Lâcher prise, c'est aussi être capable de pardonner, surtout à soi-même. C'est accepter que nous faisons tous des erreurs, que nous avons tous des faiblesses. Et c'est d'accord. Parce que ces erreurs et ces faiblesses ne nous définissent pas. Ce qui nous définit, c'est la façon dont nous nous relevons après une chute, la façon dont nous apprenons de nos erreurs, la façon dont nous continuons à avancer, malgré tout.

Lâcher prise m'a permis de m'ouvrir à de nouvelles expériences, de nouvelles idées, de nouvelles perspectives. Cela m'a permis d'embrasser le changement, plutôt que de le combattre ; de m'accepter moi-même, avec toutes mes imperfections, et de réaliser que je suis une femme extraordinaire, capable de surmonter n'importe quel défi qui se présente à moi. Et je suis convaincue que vous le pouvez aussi.

La gentillesse envers soi-même : l'acceptation de soi nécessite de la compassion et de la gentillesse envers soi-même. Nous sommes souvent nos propres critiques les plus sévères. Apprendre à se traiter avec douceur et compréhension est un élément clé de l'acceptation de soi.

La gentillesse envers soi-même est l'une des pratiques les plus puissantes et pourtant les plus négligées que j'ai découvertes sur mon chemin vers l'acceptation de soi. Nous vivons dans une société qui valorise l'autocritique et la perfection, nous poussant fréquemment à être durs avec nous-mêmes. Nous nous critiquons pour nos erreurs, nos échecs, nos imperfections. Nous nous battons pour atteindre des idéaux inaccessibles et nous nous jugeons quand nous n'y arrivons pas.

Je ne suis pas étrangère à cette mentalité. Pendant longtemps, j'étais ma pire critique. Je me comparais constamment aux autres, m'enfonçant chaque fois un peu plus dans l'insécurité et le doute de soi. J'ai été implacable dans mon autocritique, pensant que c'était la voie à suivre pour m'améliorer et devenir une meilleure version de moi-même. Mais j'ai fini par réaliser que cette mentalité ne faisait que me blesser. Elle m'empêchait d'accepter qui j'étais vraiment, avec mes forces et mes faiblesses. Elle créait un cycle de honte et de culpabilité dont il était difficile de sortir. J'ai compris que je devais apprendre à être gentille avec moi-même, à me traiter avec compassion et compréhension, comme je le ferais avec un ami cher.

Cela ne veut pas dire ignorer nos erreurs ou nos défauts. Au contraire, cela signifie les reconnaître, mais sans jugement ou autocritique. Cela signifie apprendre de nos erreurs, mais aussi se pardonner quand nous trébuchons. C'est se rappeler que nous sommes humains et que nous sommes tous imparfaits.

J'ai appris à me parler avec gentillesse, à me soutenir dans mes moments difficiles. J'ai appris à célébrer mes succès, aussi petits soient-ils, et à me féliciter pour les efforts que j'ai faits, même quand les résultats n'étaient pas ceux que j'espérais. J'ai appris à me voir avec compassion, à accepter mes imperfections comme des parties de moi, pas comme des défauts à corriger.

La gentillesse envers soi-même est un voyage, pas une destination. Il y a des jours où c'est plus difficile que d'autres, des jours où les vieilles habitudes reviennent. Mais chaque jour, je choisis de continuer à pratiquer l'autocompassion, parce que je sais que c'est le chemin vers l'acceptation de soi.

L'acceptation de soi est un voyage qui demande du temps, de la patience et beaucoup de gentillesse envers soi-même. Mais je peux vous assurer que cela en vaut la peine. Parce qu'une fois que vous commencez à vous accepter, à vous aimer tel que vous êtes, vous réalisez à quel point vous êtes vraiment une femme extraordinaire. Et c'est un sentiment incroyable.

Patience : l'acceptation n'est pas un processus linéaire. Il y a des hauts et des bas, des avancées et des reculs. Il est important d'être patient avec soi-même tout au long de ce voyage.

La patience est une vertu que beaucoup d'entre nous ont du mal à cultiver, surtout dans notre monde moderne où tout est rapide et instantané. Nous voulons des résultats immédiats, nous voulons atteindre nos objectifs maintenant, et quand cela n'arrive pas, nous nous sentons frustrés et déçus. Mais l'acceptation de soi n'est pas un processus rapide, ce n'est pas quelque chose que vous pouvez atteindre du jour au lendemain. C'est un voyage, un processus continu qui nécessite du temps, de l'effort et beaucoup de patience.

La patience n'est pas toujours facile, notamment quand nous traversons des moments difficiles. Il y a eu des moments où j'ai voulu abandonner, où j'ai senti que je n'allais jamais m'accepter, jamais me sentir bien dans ma peau. Il y a eu des jours où je me suis sentie perdue, dépassée par mes émotions, par mes pensées négatives sur moi-même. Il y a eu des jours où j'ai fait deux pas en arrière après avoir fait un pas en avant. Mais j'ai appris que ces moments de doute, de peur, de frustration, sont une partie naturelle du processus d'acceptation de soi. Ils ne signifient pas que je suis en train d'échouer, ils ne signifient pas que je ne suis pas assez forte. Ils signifient simplement que je suis humaine, et que comme tous les êtres humains, je traverse des hauts et des bas.

Être patient avec soi-même, c'est comprendre que l'acceptation de soi est un voyage, pas une destination. C'est savoir que chaque jour est une nouvelle opportunité pour grandir, pour apprendre, pour se rapprocher un peu plus de l'acceptation de soi. C'est comprendre que chaque pas, aussi petit soit-il, est un pas dans la bonne direction.

Lorsque je suis patiente avec moi-même, je suis capable de voir chaque défi, chaque revers, comme une occasion de grandir et d'apprendre. Je suis capable de me donner la permission de commettre des erreurs, de trébucher, et de me relever. Je suis capable de me rappeler que je suis sur mon propre chemin, à mon propre rythme, et que c'est tout à fait correct.

La patience est une compétence que nous pouvons tous cultiver, et c'est une compétence qui est indispensable sur le chemin de l'acceptation de soi. Car ce voyage n'est pas un sprint, c'est un marathon. Et tout comme un marathon, il nécessite de la persévérance, de la détermination, et surtout, de la patience.

Donc, soyez patiente avec vous-même. Célébrez chaque petit succès, chaque petite avancée. Pardonnez-vous quand vous trébuchez, et rappelez-vous que chaque jour est une nouvelle occasion de vous rapprocher un peu plus de l'acceptation de vous-même. Vous êtes une femme extraordinaire, et vous méritez de vous aimer et de vous accepter telle que vous êtes.

Pratiquer la gratitude : enfin, la gratitude a joué un rôle crucial dans mon processus d'acceptation. Être reconnaissante pour ce que j'ai, même dans les moments difficiles, m'a aidée à adopter une perspective plus positive et à accepter les changements dans ma vie.

La pratique de la gratitude a été, pour moi, une véritable bouée de sauvetage dans mon voyage d'acceptation de soi et d'adaptation au changement. Auparavant, j'avais tendance à me concentrer sur ce qui manquait dans ma vie, sur mes échecs et mes défauts. Je me suis rendu compte que cette focalisation sur le négatif ne faisait qu'alimenter mon insatisfaction et mon manque d'estime de moi.

Puis, j'ai découvert la puissance de la gratitude. Au début, cela semblait étrange. Comment pouvais-je être reconnaissante alors que je traversais des moments difficiles, alors que je me sentais insatisfaite de moi-même ? J'ai décidé de donner une chance à la gratitude, et cela a littéralement changé ma vie.

Chaque jour, j'ai commencé à noter trois choses pour lesquelles j'étais reconnaissante. Parfois, c'était de grandes choses, comme une promotion au travail ou un moment spécial avec ma famille. Mais la plupart du temps, c'étaient de petites choses, comme un bon livre, un délicieux repas ou un coucher de soleil magnifique.

Au fil du temps, cette pratique m'a permis de porter mon attention sur les aspects positifs de ma vie, sur les choses que j'avais plutôt que sur celles qui me manquaient. Elle m'a permis de réaliser à quel point ma vie est riche et pleine, même dans les moments difficiles. Elle m'a permis de me sentir plus en paix avec moi-même et avec ma vie.

La gratitude m'a également aidée à accepter le changement. Plutôt que de résister aux changements, de les voir comme des menaces, j'ai commencé à les voir comme des opportunités de croissance, comme des occasions de gratitude. J'ai appris à être reconnaissante pour les leçons que les changements m'apportent, pour la résilience qu'ils m'ont aidée à développer.

La gratitude n'est pas une solution miracle. Elle ne fait pas disparaître les difficultés ou les défis. Mais elle peut nous aider à naviguer dans ces moments avec plus de grâce et de sérénité. Elle peut nous aider à voir le positif même dans les moments difficiles, à apprécier ce que nous avons plutôt que de nous concentrer sur ce qui nous manque.

Aujourd'hui, je peux dire avec conviction que je suis une femme extraordinaire, non pas parce que je suis parfaite, mais parce que j'accepte et j'apprécie qui je suis, avec mes forces et mes faiblesses. Et je vous assure que vous pouvez faire de même. La gratitude peut être un outil puissant sur votre chemin d'acceptation de soi. Alors pourquoi ne pas commencer aujourd'hui ? Notez trois choses pour lesquelles vous êtes reconnaissante, et voyez comment cela change votre perspective.

Apprendre à accepter le changement et à m'accepter moi-même a été un voyage difficile mais enrichissant. Cela a nécessité de la vulnérabilité, du courage et beaucoup de patience. Mais à travers ce processus, j'ai découvert une force intérieure que je ne savais pas que j'avais.

J'ai appris que, même dans les moments de changement et d'incertitude, je suis toujours moi. Je suis une femme extraordinaire, capable de s'adapter, de grandir et de s'épanouir.

Si, vous aussi, vous naviguez actuellement dans les eaux tumultueuses du changement, ou si vous luttez pour vous accepter vous-même, rappelez-vous ceci : vous êtes plus forte que vous ne le pensez. Vous êtes capable de surmonter les défis qui se présentent à vous. Et surtout, vous êtes une femme extraordinaire, exactement telle que vous êtes.

Partie II :

RÉVELER SA MERVEILLEUSE ESSENCE

Chapitre 5 :

Le Voyage De L'acceptation

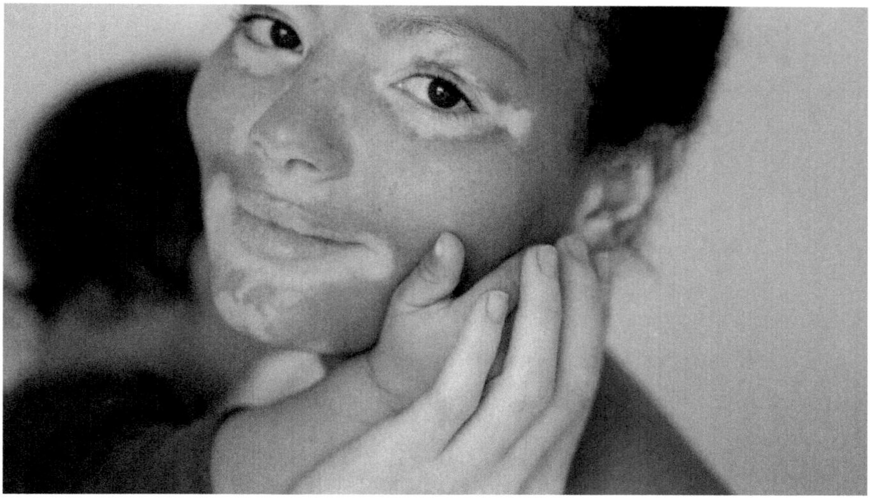

5.1 : Embrasser ses imperfections

Embrasser ses imperfections, c'est comprendre que notre perfection réside précisément dans nos imperfections. Ce sont ces aspects imparfaits de nous-mêmes qui nous rendent uniques, authentiques et humains. Embrasser ses imperfections, c'est accepter d'être une œuvre d'art inachevée, en constante évolution.

Je me souviens d'un moment de ma vie où je luttais constamment contre mes imperfections. J'étais toujours à la recherche de la perfection, que ce soit dans mon apparence, dans ma carrière ou dans ma vie personnelle. Cela m'a conduit à me sentir constamment insatisfaite, frustrée et fatiguée. C'est alors que j'ai réalisé que j'étais dans une course sans fin, une course que je ne pourrais jamais gagner.

Il a fallu du temps et beaucoup de travail intérieur pour apprendre à embrasser mes imperfections. Mais en fin de compte, ce fut l'un des voyages les plus libérateurs et les plus gratifiants de ma vie. J'aimerais partager avec vous certaines des étapes que j'ai franchies sur ce chemin de l'acceptation.

Reconnaître ses imperfections

La première étape est de reconnaître ses imperfections. Nous avons tous des aspects de nous-mêmes que nous aimerions améliorer ou changer. C'est normal et c'est humain. J'ai commencé par faire une liste de ces choses que je considérais comme des *imperfections.*

Prenez une feuille de papier, un stylo et préparez-vous à vous engager dans une séance d'introspection. N'hésitez pas à vous installer confortablement, dans un lieu où vous vous sentez à l'aise, où vous pouvez être seule avec vos pensées.
Pour moi, cette liste était longue. Elle incluait des choses aussi triviales que mon rire bruyant que je jugeais embarrassant, mes hanches que je trouvais trop larges, et ma tendance à bafouiller quand j'étais nerveuse. Elle incluait également des choses plus profondes comme ma tendance à l'autocritique, mon insécurité par rapport à mes compétences et ma peur persistante de l'échec.

Écrire cette liste était difficile. J'ai dû faire face à ces parties de moi-même que je préférais ignorer ou cacher. Mais c'était aussi libérateur. En écrivant ces « imperfections », je les ai sorties de mon esprit et je les ai posées sur papier. Cela m'a aidé à les voir sous un nouvel angle, à les voir comme elles étaient vraiment, et non comme je les avais amplifiées dans mon esprit.

Il est important de noter que reconnaître ses imperfections ne signifie pas les condamner ou se juger soi-même. Au contraire, il s'agit de les accueillir avec compassion et bienveillance, comme nous le ferions avec un ami qui vient nous parler de ses insécurités. C'est un acte d'amour-propre.

Je vous invite à faire ce premier pas, à reconnaître vos imperfections. Prenez votre temps. Soyez douce avec vous-même. Vous êtes sur le point de commencer un voyage de transformation, et ce premier pas est crucial. Embrasser ses imperfections, c'est d'abord les reconnaître, les voir pour ce qu'elles sont, et non pour ce qu'elles ne sont pas.
Ce n'est qu'en reconnaissant et en acceptant toutes les parties de nous-mêmes, même celles que nous considérons comme imparfaites, que nous pouvons vraiment nous aimer pleinement. Car vous êtes une femme extraordinaire, avec toutes vos imperfections. Et c'est ce qui fait de vous qui vous êtes.

Comprendre l'origine de ces imperfections

Ensuite, j'ai cherché à comprendre d'où venaient ces imperfections. Pourquoi les percevais-je comme telles ? Qu'est-ce qui, dans mon passé ou dans ma culture, m'avait amenée à voir ces aspects de moi-même comme des défauts ? Cette prise de conscience m'a aidée à comprendre que beaucoup de nos *imperfections* sont en réalité des constructions sociales et culturelles.

C'est un voyage fascinant que d'en explorer l'origine, de comprendre comment et pourquoi elles se sont ancrées en nous. Comprendre d'où elles viennent peut être une étape cruciale pour les accepter et commencer à les voir sous un nouvel angle.

Une de mes *imperfections*, par exemple, était mon sentiment d'être moins compétente que les autres dans mon travail. J'ai passé du temps à me questionner sur l'origine de ce sentiment et je me suis rendu compte qu'il venait en grande partie de mon enfance. J'ai grandi dans une famille où la réussite académique était très valorisée. Sans m'en apercevoir, j'avais intégré l'idée que, pour être digne d'amour et d'appréciation, je devais exceller en tout. En examinant mon sentiment d'insécurité, j'ai compris que j'avais inconsciemment placé une norme très élevée pour moi-même, une norme qui était pratiquement impossible à atteindre. Ce n'était pas que je manquais de compétence, mais plutôt que je m'étais fixé des attentes déraisonnablement élevées.

De plus, vivant dans une société qui valorise souvent la perfection et présente des images idéalisées de la réussite et de la beauté, il est facile de se sentir insuffisant. Nous sommes constamment bombardés d'images de perfection que nous comparons à nos réalités imparfaites, ce qui ne fait qu'accentuer notre sentiment d'imperfection.

Cette prise de conscience m'a permis de comprendre que mes *imperfections* n'étaient pas nécessairement des défauts inhérents à moi-même, mais plutôt des reflets des attentes et des normes externes que j'avais intériorisées. Cette prise de conscience a été un tournant majeur dans mon voyage d'acceptation de soi.

Prenez le temps d'explorer l'origine de vos imperfections. Posez-vous des questions, soyez curieuse. Quels événements, personnes ou expériences de votre passé pourraient avoir influencé votre perception de vous-même ? Comment la société et la culture dans lesquelles vous avez grandi ont-elles pu façonner vos idées sur ce qui est "parfait" et ce qui est "imparfait" ?

N'oubliez pas, ce n'est pas un exercice pour vous blâmer ou blâmer d'autres personnes ou circonstances pour vos imperfections. Il s'agit plutôt de comprendre, de mettre en lumière les racines de vos insécurités afin de mieux les accepter et les embrasser.

Car en comprenant d'où elles viennent, vous pouvez commencer à changer la façon dont vous les percevez et à les voir pour ce qu'elles sont vraiment : des parties uniques et authentiques de vous qui font de vous une femme extraordinaire.

Se connecter à son imperfection

J'ai ensuite cherché à me connecter à ces imperfections, à les ressentir et à les accepter comme faisant partie de moi. Cela ne signifie pas que je les ai aimées du jour au lendemain. Cela signifie simplement que je les ai reconnues comme faisant partie de moi, tout comme mes qualités.

Se connecter à ses imperfections est une étape qui peut sembler intimidante, voire effrayante. C'est un processus qui nécessite du courage, de l'honnêteté et de la vulnérabilité. Il s'agit de regarder ces parties de nous-mêmes que nous avons peut-être passées notre vie à essayer de cacher ou de changer, de les reconnaître, de les sentir, de les accueillir.

Lorsque j'ai commencé à me connecter à elles, j'ai ressenti une résistance. Mon instinct initial était de me défendre, de me détourner, de minimiser ces aspects de moi-même. Mais je me suis rappelée que ces imperfections n'étaient pas des ennemies, mais des parties de moi, tout comme mes forces, mes talents, mes passions.

Chaque jour, je prenais du temps pour me connecter avec moi-même, à travers la méditation, l'écriture dans un journal, ou simplement en passant un moment en silence. J'invitais mes imperfections à se manifester, à être ressenties. Parfois, c'était inconfortable, parfois c'était douloureux. Mais à chaque fois, c'était libérateur.

J'ai appris que se connecter à ses imperfections ne signifie pas les laisser nous définir, mais plutôt les reconnaître et les accepter comme faisant partie de notre histoire, de notre parcours. C'est une démarche qui demande du temps, de la patience, de la douceur envers soi-même. Il est normal de ressentir de la résistance, de la peur, du malaise. Ces sentiments sont les signes que vous êtes sur le bon chemin, que vous êtes en train de vous ouvrir à une partie de vous-même que vous avez peut-être longtemps ignorée ou réprimée.

En vous connectant à vos imperfections, vous commencez à les intégrer dans votre image de vous-même. Vous commencez à vous voir non pas comme une femme qui doit atteindre la perfection, mais comme une femme qui est déjà extraordinaire, avec toutes ses imperfections.

N'oubliez pas, ce voyage d'embrasser ses imperfections n'est pas une course, c'est un voyage de découverte de soi, un voyage qui est propre à chaque femme. Il n'y a pas de bonne ou de mauvaise façon de le faire. Il suffit d'être authentique, d'être ouverte et de se laisser guider par son intuition et son amour-propre.

Car, en fin de compte, embrasser ses imperfections, c'est embrasser sa véritable essence, c'est embrasser la femme extraordinaire que l'on est déjà. C'est cela, la véritable beauté de ce voyage.

Redéfinir ses imperfections

Après cela, j'ai commencé à redéfinir mes imperfections. J'ai choisi de les voir non pas comme des défauts, mais comme des singularités, des aspects qui me rendent unique. Par exemple, j'ai commencé à voir ma timidité non pas comme une faiblesse, mais comme une partie de moi qui me rend sensible, empathique et réfléchie.

Redéfinir ses imperfections est probablement l'étape la plus libératrice de ce voyage. C'est le moment où vous commencez à vous libérer de ces chaînes invisibles de jugements et d'attentes que vous avez peut-être portées pendant si longtemps.

C'est un processus de transformation où vos *imperfections* commencent à perdre leur caractère négatif pour devenir des singularités, des caractéristiques uniques qui contribuent à votre individualité et à votre beauté.

Lorsque j'ai commencé à redéfinir mes imperfections, j'ai été étonnée de voir combien cela a changé ma perception de moi-même. J'ai commencé à voir ma sensibilité, que j'avais toujours considérée comme une faiblesse, comme une force qui me permettait de comprendre les autres à un niveau plus profond. J'ai commencé à voir ma tendance à trop réfléchir non pas comme un défaut, mais comme une preuve de ma curiosité et de mon désir d'apprendre.

Il est essentiel de noter que redéfinir ses imperfections ne signifie pas les nier ou les ignorer, mais plutôt changer la façon dont nous les percevons. C'est un acte d'autocompassion, où nous choisissons de nous voir sous un jour plus aimable et plus compréhensif.

Redéfinir ses imperfections peut prendre du temps et nécessite de la patience. Il peut être utile de vous poser les questions suivantes : qu'est-ce que cette imperfection peut m'apprendre sur moi-même ? Comment peut-elle contribuer à ma croissance et à mon développement en tant que femme ? Comment puis-je transformer cette "faiblesse" en force ?

Par exemple, si vous pensez que vous êtes trop sensible, vous pouvez commencer à voir cette sensibilité comme une preuve de votre grande empathie et de votre capacité à comprendre les émotions des autres. Si vous pensez que vous êtes trop introvertie, vous pouvez commencer à voir cette introversion comme une force qui vous permet de réfléchir profondément et de valoriser des moments de calme et de solitude.
N'oubliez pas, vous êtes la seule qui puisse définir ce que vous êtes. Vous avez le pouvoir de redéfinir vos imperfections et de les transformer en forces. Vous avez le pouvoir de choisir de vous voir non pas comme une femme imparfaite, mais comme une femme merveilleusement unique et extraordinaire.

Au final, ce sont nos imperfections qui nous rendent uniques, qui nous rendent humaines, qui nous rendent extraordinaires. Embrasser ses imperfections, c'est embrasser son individualité, c'est célébrer sa singularité. C'est là que réside la vraie beauté.

Célébrer ses imperfections
Enfin, j'ai appris à célébrer mes imperfections, ces aspects de moi-même que je considérais auparavant comme des défauts. Cela a été la partie la plus libératrice du voyage. J'ai appris à me voir comme une œuvre d'art en constante évolution, avec des bosses et des éraflures qui racontent mon histoire.

Célébrer ses imperfections est la cerise sur le gâteau de ce voyage de l'acceptation. C'est le moment où vous embrassez pleinement votre unicité et réalisez que vous êtes une œuvre d'art merveilleusement imparfaite.

Je me souviens du moment où j'ai commencé. C'était un moment de joie pure, une sensation de liberté indescriptible. J'ai réalisé que j'étais une œuvre d'art en constante évolution, que chaque imperfection était une trace de mon parcours, un chapitre de mon histoire. J'ai commencé à célébrer ma sensibilité, ma timidité, mon côté introverti — tous ces aspects de moi-même que j'avais autrefois considérés comme des défauts. J'ai appris à les voir comme des forces, comme des traits uniques qui me caractérisent. Et en les célébrant, j'ai réalisé à quel point ils m'ont aidée à grandir, à m'épanouir et à devenir la femme que je suis aujourd'hui.

Célébrer ses imperfections est un acte d'autocélébration, un acte d'amour-propre. C'est choisir de se voir avec amour et compassion, de se voir avec toute sa beauté et ses *imperfections*. C'est choisir de célébrer son unicité, sa singularité, son individualité.

Et vous savez quoi ? Célébrer ses imperfections est contagieux. Plus vous apprenez à les célébrer, plus vous encouragez les autres à faire de même. Plus vous vous aimez et vous acceptez telle que vous êtes, plus vous inspirez les autres à faire de même.

Alors je vous invite à célébrer vos imperfections. Célébrez votre sensibilité, votre timidité, votre côté introverti. Célébrez votre corps, vos rires, vos larmes. Célébrez votre parcours, vos victoires, vos défaites. Célébrez tout ce qui vous rend unique. Vous êtes une œuvre d'art en constante évolution, une femme merveilleusement imparfaite, une femme extraordinaire. Et il n'y a rien de plus beau que de célébrer cette vérité.

Embrasser ses imperfections, c'est un voyage. C'est un processus qui demande du temps, de la patience et beaucoup d'amour-propre. Mais je vous promets que ce voyage en vaut la peine. Car lorsque vous apprenez à embrasser vos imperfections, vous vous libérez de la course épuisante vers la perfection. Vous vous permettez d'être vous-même, authentique et unique. Et c'est précisément cette authenticité qui fait de vous une femme extraordinaire.

5.2 : Le pouvoir du non

Le soleil plongeait lentement sous l'horizon alors que j'étais assise à ma table de travail, une montagne de dossiers devant moi. J'étais débordée, dépassée par les tâches à accomplir et je ne savais pas comment je finirais tout cela à temps. C'est à ce moment que mon téléphone a sonné. Une amie me demandait si je pouvais la remplacer pour une réunion de bénévolat le lendemain. J'étais épuisée, mais avant même que je ne m'en rende compte, j'avais dit "oui".

Ce soir-là, je suis rentrée chez moi, épuisée, en me demandant pourquoi je n'arrivais pas à dire "non". Pourquoi étais-je toujours celle sur qui on pouvait compter pour dire "oui", même quand cela signifiait sacrifier mon bien-être ?

La prise de conscience : c'est dans ces moments de frustration et de fatigue que j'ai pris conscience de la nécessité d'apprendre à dire "non". Dire "non" n'est pas un signe d'égoïsme ou de faiblesse. Au contraire, c'est un acte d'amour-propre et une affirmation de notre valeur. Dire "non" à ce qui ne nous sert pas nous permet de dire "oui" à ce qui nous nourrit, nous renforce et nous permet de grandir.

Le cheminement vers le "non" : mon parcours pour apprendre à dire "non" n'a pas été facile. C'était comme apprendre une nouvelle langue. Au début, chaque "non" était difficile à prononcer. J'avais peur du jugement, de la déception, de la désapprobation. Mais à chaque fois que je disais "non", je sentais une force grandir en moi. Une force qui venait de l'affirmation de ma valeur et de ma volonté de prendre soin de moi.

Le pouvoir du "non" : dire "non" m'a permis de reprendre le contrôle de ma vie. J'ai commencé à faire des choix plus alignés avec mes valeurs et mes désirs. J'ai trouvé du temps pour les choses qui m'importaient vraiment : prendre soin de moi, passer du temps avec ma famille, poursuivre des hobbies qui me passionnaient.

Dire "non" m'a aussi permis de mieux définir mes limites et de faire respecter mon espace personnel.

Dire "non" aux autres, dire "oui" à soi : avec le temps, j'ai compris que dire "non" aux autres, c'est souvent dire "oui" à soi-même. Dire "oui" à notre bien-être, à nos rêves, à nos aspirations. Dire "oui" à l'amour-propre, à la dignité, à la respectabilité.

Le "non" comme acte de libération : le "non" est devenu pour moi un acte de libération. Chaque "non" prononcé m'a libérée d'une attente, d'une obligation, d'un poids. Cela m'a permis de me sentir plus légère, plus libre, plus authentique.

Apprendre à dire "non" est un voyage, un processus qui demande du temps et de la patience. Mais c'est un voyage qui en vaut la peine. Parce que chaque "non" nous rapproche un peu plus de qui nous sommes vraiment, de ce que nous voulons vraiment, de la vie que nous voulons vraiment vivre.

Aujourd'hui, je peux vous dire que je suis une femme qui sait dire "non". Cela fait de moi une femme plus forte, plus confiante, plus épanouie. Une femme qui a compris que dire "non" est un acte d'amour-propre, un acte d'affirmation de sa valeur, un acte de respect de ses limites. Et cela, mes chères lectrices, c'est le véritable pouvoir du "non".

Chapitre 6 :

Redécouvrir le bonheur

6.1 : Le bonheur dans les petites choses

Il y a quelques années, au beau milieu d'une période de ma vie particulièrement tumultueuse et stressante, je me suis retrouvée assise seule sur un banc dans un parc. Le monde semblait tourner à une vitesse vertigineuse autour de moi, et je me sentais dépassée, submergée par une vague de tristesse et d'insatisfaction.

En fixant le vide, une légère brise a caressé mon visage, faisant danser les feuilles autour de moi dans une danse majestueuse et pourtant si ordinaire. Un instant de pure beauté et de tranquillité dans ce monde chaotique. C'est là que j'ai réalisé que le bonheur n'est pas toujours une grande révélation, mais il peut être trouvé dans les petites choses de la vie quotidienne.

La beauté dans l'ordinaire : en regardant ces feuilles danser, j'ai pris conscience que le bonheur peut se cacher dans les détails les plus ordinaires de notre vie. Un sourire d'un inconnu dans la rue, le parfum de votre café du matin, le rayon de soleil qui se glisse à travers la fenêtre... Toutes ces petites choses semblent insignifiantes, mais elles sont autant de petites parcelles de bonheur à savourer.

La beauté et le bonheur sont partout autour de nous, nichés dans les détails les plus minuscules de notre vie quotidienne. Nous vivons souvent à un rythme si effréné que nous oublions de remarquer ces moments. Ces moments sont insignifiants dans le grand schéma des choses, mais ils contiennent une valeur immense.

Le sourire d'un inconnu sur notre chemin peut nous rappeler l'humanité partagée et la bonté qui existe dans le monde. Le parfum de notre café du matin peut nous offrir un moment de répit et de tranquillité avant la tempête du jour. Le rayon de soleil qui se glisse à travers la fenêtre peut illuminer notre journée et élever notre humeur. Ces moments sont de petits rappels que la vie est belle, malgré les défis et les difficultés que nous pouvons rencontrer. Ils nous rappellent que nous avons tant de choses à apprécier et à chérir. Et en prenant le temps de remarquer et de savourer ces moments, nous pouvons enrichir notre vie de joie et de satisfaction.

Alors, je vous invite à ralentir. À lever les yeux de vos écrans, à détourner votre regard de vos listes de tâches, et à regarder autour de vous. Remarquez les petites choses. Sentez le parfum du café, savourez le rayon de soleil, souriez à un inconnu. Prenez le temps de savourer la beauté de l'ordinaire. Car c'est là que réside le véritable bonheur.

Cultiver la gratitude : j'ai alors commencé à cultiver la gratitude pour ces moments. Chaque soir, j'écrivais dans un journal trois choses pour lesquelles j'étais reconnaissante. Cette pratique m'a aidée à me concentrer sur le positif et à découvrir de la joie dans les petites choses de la vie.

La pratique de la gratitude a été une étape fondamentale dans ma quête du bonheur. Elle a transformé ma perspective et m'a permis de voir le monde sous un angle plus positif et lumineux.

Comme beaucoup d'entre nous, j'avais tendance à me concentrer sur les aspects négatifs de ma vie, les choses que je n'avais pas, les erreurs que j'avais commises, les défis que je devais affronter. Et bien que ces aspects aient leur importance et qu'ils méritent notre attention, ils ne devraient pas obscurcir tout le reste.

Avec le temps, j'ai réalisé que plus je me concentrais sur le positif, plus je voyais de choses positives dans ma vie. Elles pouvaient être aussi petites qu'une bonne tasse de thé ou aussi grandes qu'un proche qui m'a aidée dans une situation difficile. Peu importe ce qu'elles étaient, le simple fait de les noter m'a permis de prendre conscience de toutes les bonnes choses présentes dans ma vie.

Cette pratique a cultivé en moi une véritable gratitude pour les petites choses de la vie. Elle m'a permis de reconnaître et d'apprécier les moments de bonheur quotidien qui se présentaient à moi, même dans les périodes les plus difficiles.

Je vous encourage à essayer cette pratique. Prenez quelques minutes chaque soir pour réfléchir aux moments de votre journée pour lesquels vous êtes reconnaissante. Vous pourriez être surprise de voir à quel point cela peut changer votre perspective et apporter plus de joie dans votre vie.

La pleine conscience : J'ai aussi commencé à pratiquer la pleine conscience. Cela m'a aidée à être plus présente et attentive à mon environnement, me permettant de savourer pleinement ces petites choses qui m'apportent du bonheur.

Je ne saurais trop insister sur l'importance de la pleine conscience dans ce voyage. C'est un élément clé pour vraiment savourer et apprécier les petites choses de la vie. La pleine conscience est l'art d'être totalement présente et engagée dans le moment présent, sans jugement et sans distraction.

Auparavant, je me retrouvais souvent à vivre dans ma tête, à ruminer sur le passé ou à m'inquiéter pour l'avenir, au point de négliger le moment présent. Cela m'empêchait de pleinement apprécier et profiter des petits bonheurs qui se présentaient à moi.

Lorsque j'ai commencé à pratiquer la pleine conscience, j'ai appris à calmer mon esprit et à me concentrer sur l'ici et maintenant. J'ai commencé à remarquer les détails autour de moi, à ressentir plus intensément, à savourer les moments. Que ce soit en dégustant un repas, en marchant dans la nature ou en écoutant de la musique, la pleine conscience m'a permis d'apprécier totalement ces expériences.

La pleine conscience peut être un véritable cadeau. Elle peut vous aider à vous connecter plus profondément à votre vie et à découvrir le bonheur dans les détails les plus infimes de votre quotidien. Vous pouvez commencer simplement en prenant quelques minutes chaque jour pour vous asseoir tranquillement, fermer les yeux et vous concentrer sur votre respiration. C'est un petit pas, mais il peut conduire à une transformation profonde. Alors, je vous invite à essayer. Faites une pause, respirez, et soyez présente. Le bonheur est ici et maintenant, il suffit de le remarquer.

Le bonheur dans les petites choses : prendre le temps d'apprécier les petites choses a été une véritable révélation. J'ai commencé à ressentir un sentiment de bonheur plus profond et plus durable. J'ai compris que le bonheur n'est pas toujours quelque chose de grand et de spectaculaire. Il peut être aussi simple qu'un moment de tranquillité, un geste d'amour, un instant de beauté.

Le bonheur est bien souvent caché dans les choses les plus simples. J'ai moi-même longtemps cherché le bonheur dans les grandes réalisations, les événements marquants, les moments spectaculaires. Et bien que ces moments puissent certainement apporter de la joie, ils ne sont pas les seuls à en offrir. J'ai finalement compris que le bonheur n'est pas forcément lié à la grandeur ou au spectaculaire. Il réside plutôt dans les petites choses, ces moments anodins qui émaillent notre quotidien. Un moment de tranquillité à savourer une tasse de thé, un geste d'amour d'un être cher, un instant de beauté lors d'un coucher de soleil...

En prenant le temps d'apprécier ces petites choses, j'ai trouvé un sentiment de bonheur plus profond et plus durable. Il ne s'agit pas d'un bonheur éphémère qui s'évapore une fois le moment passé, mais d'un bonheur constant qui imprègne ma vie et la rend plus riche et plus belle.

Je vous encourage à chercher le bonheur dans les petites choses de la vie. Ne sous-estimez pas ces moments. Ils sont précieux et peuvent vous offrir une source constante de joie et de satisfaction. Le bonheur est à votre portée, il suffit d'ouvrir les yeux et le cœur pour le voir.

Apprendre à lâcher prise : cette période de ma vie m'a également appris à lâcher prise. J'ai compris que je ne pouvais pas contrôler tout ce qui m'arrivait, mais que je pouvais choisir comment je réagissais. En apprenant à apprécier les petites choses, j'ai commencé à lâcher prise sur mes attentes et mes craintes, et à accepter la vie telle qu'elle est.

Lâcher prise est une autre clé pour découvrir le bonheur dans les petites choses. C'est une leçon que j'ai apprise en chemin, et qui a profondément transformé ma vie.

Nous vivons dans un monde où nous sommes souvent poussés à vouloir toujours plus, à chercher à contrôler chaque aspect de notre vie. Cependant, cette quête de contrôle peut souvent mener à la frustration et au stress, car la vérité est que nous ne pouvons pas tout contrôler.

J'ai réalisé que j'avais souvent des attentes irréalistes envers moi-même et envers la vie. Ces attentes m'empêchaient de savourer le moment présent et de voir le bonheur dans les petites choses. Elles m'ont aussi causé beaucoup de souffrances inutiles.

Lorsque j'ai commencé à lâcher prise, à accepter que je ne pouvais pas tout contrôler, j'ai commencé à ressentir une véritable libération. J'ai appris à accepter la vie telle qu'elle est, avec ses hauts et ses bas, ses joies et ses peines. J'ai commencé à réagir à la vie de manière plus sereine et détendue, au lieu de toujours essayer de contrôler ou de résister à ce qui se présentait à moi.

Apprendre à lâcher prise m'a permis de savourer plus pleinement les petits moments de bonheur, sans crainte ni attente. J'ai découvert que le bonheur ne réside pas dans la poursuite d'un idéal ou d'un objectif lointain, mais dans l'appréciation de chaque instant, tel qu'il est.

Je vous invite à essayer de lâcher prise. Lâcher prise sur vos attentes, vos craintes, votre besoin de contrôle. Acceptez la vie telle qu'elle est, et vous découvrirez peut-être que le bonheur est déjà là, dans les petites choses de votre quotidien.

Les petites choses font de grandes choses : ces petites choses, ces moments de bonheur quotidien, s'accumulent avec le temps. Ils peuvent paraître petits et insignifiants, mais ils ont un impact énorme sur notre bien-être et notre satisfaction de la vie.

Les petites choses peuvent sembler insignifiantes lorsqu'elles sont prises individuellement, mais leur impact cumulatif est énorme. Chaque instant de bonheur, chaque petite joie, chaque moment de beauté ou de paix s'accumule pour former une toile de fond de bien-être et de satisfaction.

Je pense à cela comme à une mosaïque. Chaque petite chose, chaque petit moment de bonheur est une pièce de cette mosaïque. Prises individuellement, elles peuvent paraître petites et sans importance. Mais lorsque vous les assemblez, elles créent une image magnifique et riche en couleurs.

De la même manière, chaque petit moment de bonheur contribue à la beauté et à la richesse de notre vie. Chaque sourire, chaque éclat de rire, chaque instant de gratitude ou de paix s'additionne pour créer une vie plus heureuse et plus épanouissante.

En choisissant de valoriser ces petites choses, en choisissant de les remarquer et de les apprécier, nous nous donnons la possibilité de créer une vie plus riche et plus satisfaisante. Chères lectrices, n'oubliez pas que les petites choses font de grandes choses. Chaque petit moment de bonheur compte, et il contribue à faire de votre vie une œuvre d'art magnifique.

Il m'a fallu du temps pour comprendre et apprécier le bonheur dans les petites choses. Mais une fois que j'ai commencé à le faire, j'ai découvert une source inépuisable de joie et de satisfaction. J'ai découvert que, même dans les jours les plus sombres, il y a toujours des moments de bonheur à trouver, si seulement nous prenons le temps de les chercher.

Je vous invite à chercher votre bonheur dans les petites choses. À prendre le temps de savourer les moments de beauté et de joie qui se présentent à vous chaque jour. Parce que le bonheur n'est pas toujours quelque chose de grandiose. Parfois, il est aussi simple qu'une feuille qui danse dans le vent.

6.2 : Se construire une vie alignée avec soi

Un jour, alors que je me trouvais au milieu d'une salle de réunion bondée, j'ai ressenti une sorte de déconnexion. J'étais là, mais en même temps, j'avais l'impression d'être ailleurs. Tandis que tout le monde discutait des projections de vente et des stratégies marketing, mon esprit vagabondait vers des contrées lointaines. Je me suis surprise à rêver de montagnes enneigées, de ciels étoilés, de forêts denses et de ruisseaux murmureurs. J'ai réalisé que je n'étais pas vraiment heureuse. Mon existence actuelle ne correspondait pas à ce que je désirais au plus profond de moi. C'est à ce moment-là que j'ai décidé de construire une vie plus alignée avec moi-même.

L'introspection : mon premier pas vers cette transformation a été l'introspection. J'ai commencé à m'interroger sur ce qui comptait vraiment pour moi. Qu'est-ce qui m'apportait de la joie ? Qu'est-ce qui donnait du sens à ma vie ? Qu'est-ce que je voulais réaliser ? Il m'a fallu du temps et de la patience pour répondre à ces questions. J'ai écrit dans un journal, j'ai médité, j'ai parlé à des amis et à des mentors. Petit à petit, j'ai commencé à voir plus clair sur ce que je désirais vraiment.

Pendant longtemps, j'avais vécu ma vie en pilotage automatique, enchaînant les tâches et les obligations sans réellement prendre le temps de me demander si elles me rendaient heureuse. J'étais occupée, oui, mais je n'étais pas épanouie. L'introspection a été pour moi une porte vers une nouvelle dimension de ma vie, une dimension où je pouvais m'écouter et me respecter.

Mon premier pas vers l'introspection a été la tenue d'un journal. Chaque jour, je prenais quelques instants pour m'asseoir et écrire. Je notais mes pensées, mes sentiments, mes rêves, mes peurs. Cela me permettait de mettre à plat ce qui se passait en moi, de prendre du recul et de voir les choses plus clairement.

Ensuite, j'ai intégré la méditation à ma routine quotidienne. Chaque matin, je m'accordais un moment de silence et de paix pour simplement être présente à moi-même. Cette pratique m'a aidée à me connecter à mon être intérieur, à ce lieu de sagesse et de sérénité qui se trouve en chacun de nous.

Parallèlement à cela, j'ai cherché de l'aide extérieure. J'ai parlé à des amis proches, à des mentors, à des coachs. Leur soutien et leurs conseils ont été précieux. Ils m'ont aidée à voir des aspects de moi-même que je ne voyais pas, à comprendre des schémas de pensée et de comportement qui me bloquaient.

Au fur et à mesure de ce processus d'introspection, j'ai commencé à comprendre ce qui comptait vraiment pour moi. J'ai découvert ce qui me rendait heureuse, ce qui donnait du sens à ma vie, ce que je voulais réaliser. J'ai commencé à voir clairement ce que je désirais pour ma vie, et j'ai commencé à prendre des décisions en conséquence. L'introspection n'est pas toujours facile. Elle demande du courage, de l'honnêteté et de la patience. Mais je peux vous assurer que le voyage en vaut la peine. Car quand on se connaît vraiment, on peut alors créer une vie qui est en harmonie avec qui l'on est vraiment, une vie qui nous rend véritablement heureuse.

La définition des valeurs : une fois que j'ai eu une meilleure idée de ce qui comptait pour moi, j'ai commencé à définir mes valeurs. Celles-ci sont comme un phare, elles nous guident dans nos décisions et nos actions. Pour moi, ces valeurs sont l'amour, la liberté, la créativité, l'intégrité et le respect de la nature.

En définissant mes valeurs, j'ai tracé une carte pour naviguer dans le monde. Les valeurs sont comme un phare dans l'obscurité, guidant nos décisions et nos actions, même dans les eaux les plus tumultueuses. Elles servent de boussole intérieure, nous aidant à rester fidèles à nous-mêmes, peu importe ce que la vie nous réserve.

Le processus de définition de mes valeurs n'a pas été un voyage rapide ni facile. C'était un travail de profondeur, nécessitant d'explorer les parties les plus reculées de moi-même. J'ai dû faire face à mes peurs et à mes doutes, j'ai dû remettre en question des croyances et des comportements que j'avais tenu pour acquis pendant des années.

Au fur et à mesure que j'avançais dans ce processus, j'ai commencé à voir les contours de mes valeurs se dessiner. L'amour est apparu comme une évidence. L'amour de moi-même, l'amour des autres, l'amour de la vie elle-même. La liberté ensuite, cette valeur qui me pousse à vivre selon mes propres termes, à choisir ma propre voie.

La créativité a surgi, cette envie de créer, d'innover, d'apporter quelque chose de nouveau au monde. L'intégrité s'est imposée comme une nécessité, cette volonté d'être vraie, d'être authentique, de faire ce qui est juste. Enfin, le respect de la nature est venu, cette profonde connexion avec le monde naturel, cette conscience de notre interdépendance avec toutes les formes de vie.

Ces valeurs sont devenues mes guides, m'accompagnant dans chaque aspect de ma vie. Chaque décision, chaque action est maintenant éclairée par ces valeurs. Elles m'ont permis de créer une vie qui est en alignement avec qui je suis, une vie qui me rend véritablement heureuse.
Définir vos valeurs n'est pas un processus facile, mais je vous assure que c'est un des voyages les plus enrichissants que vous pouvez entreprendre. Car connaître vos valeurs, c'est connaître votre véritable moi. C'est avoir le pouvoir de créer une vie qui vous ressemble, une vie qui vous remplit de joie et de satisfaction.

L'établissement des objectifs : forte de cette connaissance de moi-même et de mes valeurs, j'ai commencé à établir des objectifs qui étaient en phase avec ce que je voulais. J'ai décidé de quitter mon emploi en entreprise pour lancer mon propre projet créatif. J'ai choisi de déménager à la campagne pour être plus proche de la nature.

J'ai pris la décision de consacrer plus de temps à l'amour et à la compassion, que ce soit envers moi-même ou envers les autres.

Mon parcours d'introspection et de définition de valeurs m'avait fait découvrir ce qui comptait réellement pour moi. J'étais prête à établir des objectifs alignés avec mes aspirations profondes. Ces objectifs n'étaient plus des marqueurs de réussite dictés par la société, mais plutôt des jalons vers une vie qui me rendait vraiment heureuse.

Premièrement, j'ai décidé de quitter mon emploi dans une grande entreprise, où je ne me sentais plus en phase avec moi-même. Mes valeurs de liberté et de créativité étaient constamment en conflit avec la rigidité et la routine de mon travail. J'ai pris la décision audacieuse de lancer mon propre projet créatif. Ce fut un grand saut dans l'inconnu, mais je savais que c'était le bon choix pour moi.

Ensuite, j'ai décidé de déménager à la campagne. Ma valeur de respect de la nature avait été longtemps négligée dans l'agitation de la vie urbaine. Je rêvais d'un lieu où je pourrais vivre plus proche de la nature, sentir la terre sous mes pieds, voir les étoiles dans le ciel la nuit. Cette décision a été une véritable bouffée d'air frais pour moi.
Enfin, j'ai décidé de consacrer plus de temps à l'amour et à la compassion. Pendant longtemps, je m'étais oubliée dans le tourbillon de mes obligations et de mes responsabilités. J'ai compris qu'il était temps de prendre soin de moi, de m'aimer et de me respecter. Et cet amour, je voulais aussi le partager avec les autres. J'ai décidé de passer plus de temps avec mes proches, de contribuer à ma communauté, de montrer de la compassion envers tous ceux que je rencontre.

L'établissement de ces objectifs a été un tournant dans ma vie. Ils m'ont permis de créer une vie qui est en alignement avec la personne que je suis vraiment. Chaque jour, je suis heureuse de me lever et de poursuivre ces objectifs. Chaque jour, je sais que je suis sur la bonne voie. Et chaque jour, je sais que je suis une femme extraordinaire.

La mise en action : une fois ces objectifs établis, j'ai commencé à prendre des mesures concrètes pour les réaliser. J'ai travaillé dur, j'ai fait face à des obstacles, j'ai dû surmonter mes peurs et mes doutes. Mais à chaque pas, j'étais portée par la conviction que je construisais une vie qui me correspondait, une vie qui me rendait vraiment heureuse.

La phase de la mise en action a été à la fois excitante et effrayante. Je savais que la route vers la réalisation de mes objectifs serait semée d'embûches. Il y aurait des doutes, des peurs, des défis. Mais j'étais déterminée à continuer, car je savais que chaque pas m'approchait un peu plus de la vie que je désirais vraiment.

Mon premier objectif était de lancer mon propre projet créatif. J'ai commencé par effectuer des recherches, rassembler des ressources, établir un plan. J'ai passé de longues heures à travailler, souvent tard dans la nuit. Il y a eu des moments de découragement, des moments où je me demandais si j'étais capable de le faire. Mais à chaque fois, je revenais à mes valeurs, à mon désir de créativité et de liberté. Et chaque petit succès, chaque petit progrès, était une confirmation que j'étais sur la bonne voie.

Mon deuxième objectif était de déménager à la campagne. J'ai cherché la maison parfaite, j'ai organisé le déménagement, j'ai fait face aux imprévus. Ce n'était pas toujours facile, mais chaque fois que je regardais par la fenêtre et que je voyais les arbres, les oiseaux, le ciel étoilé, je savais que j'avais fait le bon choix.

Enfin, mon troisième objectif était de consacrer plus de temps à l'amour et à la compassion. J'ai dû apprendre à dire non à certaines obligations pour pouvoir dire oui à moi-même. J'ai pris le temps de méditer, de me faire plaisir, de passer du temps avec mes proches. J'ai aussi commencé à m'engager dans des actions bénévoles, à partager de la compassion et de la gentillesse autour de moi.

La mise en action a été un voyage intense, parfois difficile, mais incroyablement gratifiant. Avec chaque obstacle surmonté, chaque peur affrontée, je me sentais plus forte, plus alignée, plus heureuse. Et je savais que chaque pas me rapprochait de la femme extraordinaire que je suis vraiment.

La célébration : en chemin, j'ai appris à célébrer chaque petite victoire. Chaque pas en avant, chaque réussite, même minime, était une occasion de me réjouir. Ces célébrations m'ont permis de me sentir encouragée et soutenue, même dans les moments difficiles.

La célébration est devenue une part essentielle de mon voyage. Dans notre société, nous avons tendance à focaliser sur les grands succès, à attendre les grands moments pour exprimer notre joie. Mais j'ai appris qu'il est tout aussi important, sinon plus, de célébrer les petites victoires du quotidien.

Le premier croquis pour mon projet créatif, la signature du contrat pour ma maison à la campagne, la première fois que j'ai réussi à dire non pour protéger mon temps personnel : chacun de ces moments méritait d'être célébré. Chaque petite victoire était une affirmation de ma détermination, un signe que je m'approchais de mes objectifs.

Je célébrais de différentes manières. Parfois, c'était en m'offrant une petite gâterie, comme un bon livre ou une tasse de mon thé préféré. D'autres fois, c'était en partageant ma joie avec mes proches, en leur racontant mes succès. Ou encore, c'était en prenant un moment de silence pour exprimer ma gratitude.

Ces célébrations m'ont donné une source de joie et d'encouragement constante. Elles m'ont permis de reconnaître et d'apprécier mes efforts, même lorsque les choses étaient difficiles. Elles m'ont rappelé que chaque pas en avant compte, peu importe sa taille.

Apprendre à célébrer m'a aidé à construire une vie alignée avec moi-même, une vie qui me rend heureuse. Chaque célébration était un rappel que je suis une femme extraordinaire, capable de réaliser ses rêves. Et chaque célébration était une invitation à continuer à avancer, à continuer à briller.

Aujourd'hui, je peux dire que je vis une vie qui est en phase avec moi-même. Une vie qui me remplit de joie et de satisfaction. Cela n'a pas été un voyage facile, mais c'est un voyage qui en vaut la peine.

Si vous vous trouvez à un carrefour de votre vie, si vous sentez une déconnexion entre votre vie actuelle et vos véritables désirs, je vous encourage à prendre le temps de vous connaître. Définissez vos valeurs, établissez vos objectifs, mettez-vous en action et célébrez chaque petite victoire. Je vous assure que le bonheur que vous trouverez en vivant une vie alignée avec vous-même est inestimable.

Chapitre 7 :

Faire de sa différence une force

7.1 : L'affirmation de soi

L'affirmation de soi est comme un phare dans la nuit, une boussole qui guide nos actions et nos choix. Elle représente notre capacité à nous affirmer, à exprimer nos pensées et nos sentiments, à défendre nos droits et à respecter ceux des autres. L'affirmation de soi est un outil puissant pour faire de nos différences une force, une source d'authenticité et de confiance en soi.

Comprendre l'affirmation de soi : l'affirmation de soi n'est pas l'agressivité ou l'insensibilité. Elle n'est pas non plus la passivité ou la soumission. L'affirmation de soi est un équilibre entre ces deux extrêmes. Elle consiste à exprimer ce que nous ressentons, ce que nous pensons, ce que nous voulons, d'une manière respectueuse envers nous-mêmes et les autres.

Comprendre l'affirmation de soi est l'un des piliers essentiels à l'épanouissement personnel. Contrairement à ce que l'on peut penser, l'affirmation de soi ne se réduit pas à de l'agressivité ou de l'insensibilité. Elle n'est pas non plus synonyme de passivité ou de soumission. En réalité, l'affirmation de soi se situe entre ces deux pôles extrêmes, elle est cet équilibre précieux que nous devons tous chercher à atteindre.

L'affirmation de soi consiste en l'expression authentique et respectueuse de nos sentiments, de nos pensées, et de nos désirs. C'est ce courage de dire à voix haute ce que nous ressentons réellement, ce que nous pensons sincèrement, ce que nous voulons profondément. C'est cette force qui nous pousse à nous affirmer, tout en restant dans une démarche de respect, à la fois envers nous-mêmes et envers les autres.

S'affirmer soi, c'est oser exprimer ce qui est à l'intérieur de nous, c'est avoir le courage d'être en accord avec nous-mêmes, c'est respecter notre intégrité et honorer notre vérité intérieure. C'est un acte d'amour-propre, un acte de confiance, un acte de courage.

En fin de compte, comprendre et maîtriser l'affirmation de soi, c'est donner à sa vie une direction qui lui est propre, c'est choisir de vivre de manière authentique, c'est choisir de ne plus se taire quand notre voix a besoin de se faire entendre. Parce qu'au bout du compte, nous sommes les seuls capitaines à bord de notre vie, et nous avons le droit, mais aussi le devoir, de nous affirmer.

Pourquoi l'affirmation de soi est importante : l'affirmation de soi est la clé de la confiance en soi. Elle nous permet de nous sentir entendus, respectés et valorisés. Elle nous donne la possibilité d'être authentiques et d'agir en accord avec nos valeurs et nos désirs. De plus, l'affirmation de soi nous permet de défendre nos droits et de faire respecter nos limites.

L'affirmation de soi joue un rôle crucial dans notre épanouissement personnel et notre bien-être émotionnel. Pourquoi ? Parce que c'est la clé de la confiance en soi. Lorsque nous nous affirmons, nous faisons entendre notre voix, nous faisons valoir nos droits, et nous communiquons nos sentiments et nos pensées sans peur du jugement ou du rejet. Cette capacité à exprimer ouvertement et honnêtement qui nous sommes et ce que nous voulons renforce notre confiance en nous-mêmes et notre estime personnelle.

L'affirmation de soi nous permet de nous sentir entendus. Combien de fois avons-nous eu le sentiment que nos paroles se perdaient dans l'éther, que nos opinions n'étaient pas prises en compte, que notre voix n'était pas entendue ? En nous affirmant, nous réclamons notre droit à être entendus et reconnus.

L'affirmation de soi conduit au respect. En exprimant nos besoins et nos limites, nous montrons aux autres comment nous souhaitons être traités. Nous enseignons aux gens autour de nous que nous méritons d'être respectés, et en retour, nous apprenons à respecter les besoins et les limites des autres.

L'affirmation de soi nous donne l'opportunité d'être authentiques. Elle nous encourage à être fidèles à nous-mêmes, à nos valeurs, à nos désirs, et à agir en accord avec eux. Elle nous libère de la pression d'être ce que les autres veulent que nous soyons, et nous donne le courage d'être qui nous sommes vraiment.

Enfin, l'affirmation de soi nous permet de défendre nos droits et de faire respecter nos limites. Elle nous donne la force de dire non lorsque quelque chose va à l'encontre de nos valeurs ou de notre bien-être, et de dire oui lorsque quelque chose nous fait du bien et nous rapproche de nos objectifs.

En somme, l'affirmation de soi est bien plus qu'une simple compétence de communication. C'est un outil de pouvoir personnel, une boussole qui nous guide vers une vie plus authentique, respectée et épanouie.

Comment développer l'affirmation de soi : l'affirmation de soi peut être développée à travers plusieurs techniques et stratégies. En voici quelques-unes que vous pouvez utiliser :

La communication assertive : cette technique consiste à exprimer vos sentiments, vos pensées et vos besoins de manière claire, directe et respectueuse. Elle implique également d'écouter les autres et de respecter leur point de vue.

La gestion des conflits : il s'agit d'apprendre à résoudre les conflits de manière constructive, en recherchant des solutions qui respectent les droits et les besoins de toutes les parties impliquées.

L'affirmation de ses droits : cela implique de connaître vos droits et de les défendre lorsque nécessaire. Cela signifie dire "non" quand vous ne voulez pas faire quelque chose, ou demander du respect lorsque vous sentez que vos droits sont violés.

Le respect de soi et des autres : il s'agit de traiter les autres avec respect, et vous traiter vous-même avec respect. Cela signifie ne pas se laisser maltraiter ou abuser, mais aussi ne pas maltraiter ou abuser les autres.

Les obstacles à l'affirmation de soi : plusieurs obstacles peuvent entraver notre affirmation de soi. Il peut s'agir de la peur du rejet, de la crainte du conflit, de la culpabilité, de l'anxiété, de l'insécurité ou de la faible estime de soi. Il est important d'identifier ces obstacles et de travailler à les surmonter pour pouvoir s'affirmer pleinement.

L'affirmation de soi, aussi libératrice qu'elle puisse être, rencontre souvent des obstacles sur son chemin. Il y a de nombreux freins qui peuvent entraver notre capacité à nous affirmer totalement, à communiquer ouvertement nos sentiments, nos besoins, et nos désirs.

C'est un travail constant que d'apprendre à surmonter ces obstacles pour gagner en assurance et en authenticité. Voici certains des obstacles les plus courants :

La peur du rejet : c'est sans doute l'un des obstacles les plus courants à l'affirmation de soi. Nous craignons que si nous exprimons nos vrais sentiments ou nos désirs, les autres nous rejettent ou nous jugent négativement.

La crainte du conflit : beaucoup d'entre nous évitent de s'affirmer parce qu'ils craignent que cela entraîne des conflits ou des désaccords. Cependant, il est important de comprendre que l'affirmation de soi n'est pas une invitation au conflit, mais une expression respectueuse de nos propres besoins.

La culpabilité : certains d'entre nous ressentent de la culpabilité à l'idée de dire non ou de mettre leurs besoins avant ceux des autres. Ils peuvent se sentir égoïstes ou méchants, ce qui les empêche de s'affirmer.

L'anxiété : l'anxiété peut nous faire imaginer les pires scénarios possibles si nous nous affirmons. Elle peut créer une paralysie qui nous empêche d'agir.

L'insécurité et la faible estime de soi : ces deux obstacles sont étroitement liés. Si nous ne nous sentons pas en sécurité dans nos relations ou si nous avons une faible estime de nous-mêmes, il est probable que nous aurons du mal à nous affirmer.

Identifier ces obstacles est la première étape pour les surmonter. Nous devons ensuite travailler à les surmonter, que ce soit en apprenant de nouvelles compétences d'affirmation de soi, en cherchant du soutien ou de l'aide professionnelle, ou en pratiquant l'autocompassion et la bienveillance envers nous-mêmes. S'affirmer n'est pas toujours facile, mais c'est une compétence que nous pouvons tous apprendre et perfectionner, et les récompenses en valent la peine.

L'affirmation de soi comme source de force : en fin de compte, l'affirmation de soi est une source de force. Elle nous permet de nous affirmer en tant qu'individus uniques et de valoriser nos différences. Elle nous donne le courage de suivre notre propre chemin, de défendre nos convictions et de vivre en accord avec nos valeurs.

L'affirmation de soi n'est pas seulement une compétence, c'est aussi une source inépuisable de force. C'est un acte d'autonomie, de respect de soi et d'autonomisation.
En nous affirmant, nous honorons notre individualité et notre unicité, nous reconnaissons notre valeur intrinsèque et nous cultivons notre propre voix.

L'affirmation de soi nous permet d'affirmer notre unicité. Chaque personne est un mélange unique de traits de caractère, de talents, de passions et d'expériences. Lorsque nous nous affirmons, nous célébrons cette unicité et la revendiquons avec fierté. Nous faisons valoir notre droit à être différents, à penser différemment, à agir différemment, à être nous-mêmes.
L'affirmation de soi nous donne le courage de suivre notre propre chemin. Il est souvent plus facile de suivre la foule, de faire ce que les autres font, de penser comme les autres pensent. Mais l'affirmation de soi nous donne le courage de tracer notre propre chemin, de suivre nos propres rêves, même s'ils vont à contre-courant.

L'affirmation de soi nous permet de défendre nos convictions. Nous avons tous des croyances, des valeurs, des principes qui guident notre vie. L'affirmation de soi nous donne la force de rester fidèles à ces convictions, même face à l'opposition ou à la pression des pairs.

L'affirmation de soi nous permet de vivre en accord avec nos valeurs. Nos valeurs sont ce qui donne un sens à notre vie, ce qui nous motive, ce qui nous fait nous sentir bien. L'affirmation de soi nous permet de vivre en accord avec ces valeurs, d'agir en conformité avec ce qui est vraiment important pour nous.

L'affirmation de soi est une source de force qui nous permet d'embrasser notre unicité, de suivre notre propre chemin, de rester fidèles à nos convictions et de vivre en accord avec nos valeurs. C'est une force qui nous pousse à devenir la meilleure version de nous-mêmes et à vivre une vie authentique et épanouissante.

L'affirmation de soi n'est pas toujours facile. Elle demande du courage, de la patience et de la pratique. Mais je vous assure que cela en vaut la peine. Parce qu'une fois que vous vous affirmez, vous réalisez que vous avez le droit d'être vous-même, de vous exprimer et de vous respecter. Et cela, chères lectrices, fait de vous une femme extraordinaire.

7.2 : Élever sa voix

Élever sa voix, c'est beaucoup plus que simplement parler plus fort. C'est un acte d'autonomie et de courage, une déclaration d'indépendance et de force. C'est une façon de dire au monde, *"Je suis ici, j'ai quelque chose à dire, et je mérite d'être entendue"*.

Comprendre la valeur de sa voix : Pour beaucoup de femmes, la première étape pour élever leur voix est de comprendre sa valeur. Chaque voix a le pouvoir d'inspirer, de changer, d'influencer. Votre voix est unique, elle porte en elle vos expériences, vos valeurs, vos passions, vos rêves. Elle est un reflet de qui vous êtes et de ce que vous croyez. Elle est votre moyen le plus puissant pour exprimer votre vérité et faire entendre votre perspective.

Libérer sa voix : c'est un processus de découverte de soi. Il s'agit de comprendre ce que vous voulez dire et comment vous voulez le dire. Cela peut impliquer d'explorer vos pensées et vos sentiments, de remettre en question vos croyances et vos préjugés, de comprendre vos peurs et vos désirs. C'est un processus qui demande du courage, car il exige de faire face à soi-même et à sa vérité.

Prendre le risque de parler : élever sa voix, c'est prendre le risque de parler, même quand c'est inconfortable ou effrayant. C'est oser dire ce que vous pensez, ce que vous ressentez, ce que vous voulez, même quand vous craignez le jugement, le rejet, la critique. C'est refuser de laisser la peur vous réduire au silence.

Affirmer sa voix : c'est la faire entendre avec confiance et conviction. C'est parler avec assurance, avec passion, avec authenticité. C'est refuser de laisser quiconque diminuer, ignorer ou étouffer votre voix.

Utiliser sa voix pour le bien : ce n'est pas seulement parler pour soi-même. C'est aussi parler pour les autres, pour ceux qui n'ont pas de voix ou dont la voix est ignorée. C'est utiliser sa voix pour défendre les droits, pour promouvoir l'égalité, pour encourager le changement.

Célébrer sa voix : c'est reconnaître et apprécier son pouvoir. C'est fêter chaque fois que vous parlez votre vérité, chaque fois que vous faites entendre votre voix. C'est voir votre voix non pas comme une source d'angoisse, mais comme une source de force et de fierté. Élever sa voix, c'est un acte de rébellion et de résistance, un acte d'autonomie et de courage. C'est une affirmation de sa valeur et de sa dignité, une déclaration de son droit d'être entendue et respectée. C'est un moyen de faire de sa différence une force, de transformer son unicité en pouvoir.

Car lorsque vous élevez votre voix, vous ne faites pas que parler. Vous déclarez votre présence, vous affirmez votre existence. Vous dites au monde que vous êtes ici, que vous avez quelque chose à dire, et que vous méritez d'être entendue. Et cela, mes chères lectrices, c'est une force extraordinaire.

Chapitre 8 :

Partager Son Voyage

8.1 : Le pouvoir de l'authenticité

Je me rappelle très clairement ce jour-là, quand j'ai décidé de partager mon histoire pour la première fois. J'étais assise dans un café, en train de noircir les pages de mon journal, cherchant une façon d'expliquer le tumulte d'émotions que je ressentais. J'ai finalement fait le choix audacieux de m'ouvrir au monde, d'être authentique. Aujourd'hui, je veux partager avec vous le pouvoir de cette authenticité.

Le pouvoir de l'authenticité réside dans sa capacité à nous connecter aux autres. Nous sommes tous des êtres humains, avec nos propres histoires, nos propres luttes et nos propres joies. Quand nous partageons ces expériences, nous créons des liens, nous apprenons à nous comprendre et à nous soutenir mutuellement.

Quand j'ai commencé à raconter mon histoire, à montrer mes cicatrices et à partager mes victoires, quelque chose d'étonnant s'est produit. Les gens ont commencé à me répondre avec leurs propres histoires. Ils se sont ouverts à moi de manière que je n'aurais jamais imaginé, et cela a créé une véritable communauté.

Voici quelques points sur lesquels j'aimerais vous inviter à réfléchir :

Être authentique, c'est être courageux : partager son histoire demande du courage. Il faut briser les barrières de la peur, de la honte ou du jugement. Il faut être prêt à se montrer vulnérable. Mais ce courage est récompensé par une connexion profonde avec les autres et une meilleure compréhension de soi-même.

Être authentique, c'est avoir le courage d'être soi-même, sans masques ni prétentions. C'est choisir de vivre en adéquation avec ses valeurs et ses croyances, même si elles ne sont pas toujours populaires ou bien comprises. C'est prendre des risques, défier les normes, affronter le rejet ou le jugement.

C'est, par exemple, parler de son passé douloureux, de ses luttes actuelles, de ses peurs ou de ses échecs. C'est partager ses rêves, même s'ils semblent impossibles. C'est admettre ses erreurs et ses regrets, sans se perdre dans la culpabilité ou l'auto-critique.

Partager son histoire demande du courage, car c'est se montrer vulnérable. C'est ouvrir son cœur et laisser les autres voir notre véritable moi, dans toute sa complexité et son imperfection. C'est faire face à la peur du jugement, du rejet ou de la honte.

Ce courage n'est pas vain. En réalité, il est récompensé de plusieurs façons. D'abord, il nous libère. Il nous libère de la peur, du ressentiment, de la honte. Il nous libère de la pression d'être quelqu'un que nous ne sommes pas. Ensuite, il nous connecte aux autres. Il nous aide à créer des liens authentiques et profonds avec ceux qui nous entourent. Enfin, il nous aide à nous comprendre nous-mêmes. Il nous aide à nous accepter, à nous pardonner, à nous aimer tels que nous sommes.

Ainsi, en étant courageusement authentiques, nous découvrons notre véritable pouvoir. Nous découvrons notre capacité à surmonter les défis, à grandir, à changer. Nous découvrons notre disposition à inspirer, à encourager, à aider les autres. Nous découvrons notre habileté à faire une différence, à laisser une empreinte, à vivre une vie qui compte.
Alors oui, être authentique, c'est être courageux. Mais c'est un courage qui en vaut la peine. Car il nous conduit vers une vie de liberté, de connexion, de compréhension et de véritable impact.

L'authenticité crée de l'empathie : quand nous partageons nos expériences, nous donnons aux autres la possibilité de se voir en nous. Cela crée une empathie qui transcende nos différences et nous aide à réaliser que, malgré nos parcours uniques, nous traversons tous des épreuves et des victoires.
L'authenticité a ce pouvoir extraordinaire de créer des ponts entre les gens, de briser les murs de l'isolement et de l'incompréhension. Lorsque nous sommes authentiques, lorsque nous partageons nos expériences avec vérité et vulnérabilité, nous ouvrons la porte à l'empathie.

Pourquoi l'empathie ? Parce que nos histoires, nos peurs, nos joies, nos échecs et nos triomphes sont universels. Bien sûr, les détails varient d'une personne à l'autre, d'une vie à l'autre. Mais les émotions de base — la joie, la peur, l'amour, le deuil, l'espoir, le désespoir — sont partagées par tous les êtres humains.

Lorsque nous partageons nos expériences, nous permettons aux autres de voir une partie d'eux-mêmes en nous. Nous leur donnons la possibilité de se sentir compris, validés, moins seuls. Nous leur donnons l'espace pour partager à leur tour, créant ainsi un échange authentique et empathique.

Ce lien d'empathie transcende nos différences d'âge, de race, de genre, de classe sociale ou de culture. Il nous unit dans notre humanité commune. Il nous rappelle que, malgré nos parcours uniques, nous partageons tous le même voyage de l'existence humaine, avec ses hauts et ses bas, ses défis et ses récompenses.

Enfin, cet échange d'empathie nous aide à réaliser une vérité fondamentale : nous ne sommes pas seuls. Nous faisons partie d'un vaste réseau de vies interconnectées, partageant tous le même désir de bonheur, la même aversion pour la souffrance.

Alors, en partageant votre histoire, en étant authentique, vous créez de l'empathie. Vous créez des connexions. Vous créez un monde où chacun peut se sentir entendu, compris, validé. Un monde où chacun peut réaliser qu'il n'est pas seul, qu'il fait partie de quelque chose de plus grand. Un monde où chacun peut se sentir véritablement humain.

L'authenticité invite à l'authenticité : Quand nous sommes authentiques, nous invitons les autres à faire de même. Cela crée un espace sûr où chacun peut se sentir valorisé et entendu.

L'authenticité est, à bien des égards, une invitation ouverte. Quand nous choisissons d'être authentiques, de vivre et de partager notre vérité, nous envoyons un message puissant aux autres : "Il est sûr d'être vous-même ici. Il est sûr de montrer vos véritables couleurs, vos joies et vos peines, vos forces et vos faiblesses. Vous êtes valorisé et entendu pour qui vous êtes vraiment."

Cette invitation à l'authenticité crée un espace sûr, un sanctuaire de compréhension et d'acceptation. Dans cet espace, les gens peuvent se défaire de leurs masques et de leurs armures, ils peuvent laisser tomber leurs défenses et leurs prétextes. Ils peuvent se sentir libres d'être eux-mêmes, avec tout ce que cela implique.

C'est là que la magie opère. Car dans cet espace, les personnes peuvent se connecter de manière authentique. Ils peuvent partager leurs expériences, leurs perspectives, leurs idées. Ils peuvent apprendre les uns des autres, s'inspirer les uns les autres, se soutenir les uns les autres. Ils peuvent grandir ensemble, évoluer ensemble, créer ensemble.

Par ailleurs, cet espace sûr peut devenir un catalyseur pour le changement. Car lorsque les gens se sentent valorisés et entendus, ils deviennent plus confiants, plus engagés, plus créatifs. Ils sont plus susceptibles de prendre des risques, de défier le statu quo, de poursuivre leurs rêves et leurs passions.

Ainsi, l'authenticité n'invite pas seulement à l'authenticité, elle invite également à la connexion, à la croissance, à la créativité. Elle invite à l'amour de soi, à l'acceptation de soi, à l'expression de soi. Elle invite à une vie pleinement vécue, profondément ressentie, richement partagée. L'authenticité invite à la réalisation de notre véritable potentiel, à la découverte de notre véritable soi. Et cela, mes amis, est une invitation qui en vaut la peine.

L'authenticité mène à la croissance personnelle : en partageant notre histoire, nous apprenons à mieux nous comprendre. Nous prenons conscience de nos forces, de nos faiblesses et de nos aspirations. Cela nous permet de grandir et de nous épanouir en tant qu'individus.

Partager notre histoire, c'est comme ouvrir un livre qui raconte notre vie. Chaque page, chaque chapitre révèle une partie de nous — nos expériences, nos émotions, nos pensées, nos décisions. En revisitant ces pages, en relisant ces chapitres, nous apprenons à mieux nous comprendre.
Par exemple, nous pouvons réaliser que certaines expériences passées ont eu un impact plus grand sur nous que nous ne le pensions. Nous pouvons découvrir des schémas de pensée ou de comportement que nous n'avions pas remarqués auparavant. Nous pouvons prendre conscience de nos véritables passions, nos véritables valeurs, nos véritables aspirations.

De plus, en partageant notre histoire, nous nous confrontons à nos forces et à nos faiblesses. Nous reconnaissons nos triomphes, nos talents, nos capacités. Nous reconnaissons aussi nos erreurs, nos échecs, nos limites. Nous prenons conscience de notre potentiel, mais aussi de nos défis.

Cette prise de conscience est un puissant moteur de croissance personnelle, parce qu'une fois que nous nous connaissons vraiment, nous pouvons commencer à nous améliorer. Nous pouvons travailler sur nos faiblesses, développer nos forces, poursuivre nos aspirations. Nous pouvons prendre des décisions plus éclairées, plus alignées avec notre véritable moi.

De plus, cette croissance personnelle ne se limite pas à nous-mêmes. Elle se répand dans tous les aspects de notre vie — nos relations, notre carrière, notre bien-être. Elle nous permet de nous épanouir en tant qu'individus, mais également comme membres d'une communauté.

Enfin, cette croissance personnelle nous donne un plus grand pouvoir d'empathie, de compassion, de générosité. Elle nous aide à devenir de meilleures personnes, non seulement pour nous-mêmes, mais encore pour les autres.

Par conséquent, oui, l'authenticité mène à la croissance personnelle. En partageant notre histoire, en étant véritablement nous-mêmes, nous pouvons grandir, nous épanouir et faire une différence. C'est là, je pense, le véritable pouvoir de l'authenticité.

Pour illustrer ces points, je vais partager avec vous une anecdote personnelle. Je me souviens du jour où j'ai décidé de parler de ma lutte contre l'anxiété. C'était quelque chose que j'avais toujours gardé pour moi, par peur du jugement. Mais ce jour-là, j'ai choisi d'être courageuse. J'ai partagé mon histoire sur une plateforme en ligne, sans savoir comment elle serait reçue.

À ma grande surprise, la réponse a été écrasante. Des personnes du monde entier ont partagé avec moi leurs propres expériences avec l'anxiété. Ils m'ont remerciée d'avoir partagé mon histoire, disant qu'elle les avait aidés à se sentir moins seuls. Cela a créé une connexion profonde et significative entre nous.

L'expérience de partager mon histoire m'a fait comprendre à quel point il est important d'être authentique. Cela m'a aidée à grandir en tant que personne et à créer des connexions profondes avec les autres.

Pour conclure, j'aimerais vous encourager à embrasser l'authenticité. Partagez votre histoire, vos luttes et vos victoires. Soyez courageux, soyez authentique. Car votre authenticité a le pouvoir de changer à la fois votre vie, et aussi celle des autres.

8.2 : Être une source d'inspiration

Être une source d'inspiration pour les autres ne signifie pas être parfaite ou avoir une vie exempte de défis. Au contraire, c'est souvent notre capacité à surmonter les difficultés, à persévérer malgré les obstacles et à continuer à grandir qui inspire le plus les gens autour de nous. Être une source d'inspiration, c'est incarner les valeurs auxquelles nous croyons et vivre une vie qui reflète notre vérité intérieure. C'est partager notre voyage avec authenticité, vulnérabilité et courage.

Voici quelques façons de devenir une source d'inspiration pour les autres :

Vivre selon ses valeurs : les personnes qui sont inspirantes sont celles qui vivent selon leurs valeurs. Elles ont une idée claire de ce qui est important pour elles et elles orientent leur vie en fonction de ces principes. Elles ne sont pas simplement emportées par les courants de la vie ; elles prennent des décisions conscientes qui reflètent leurs valeurs. Que vos valeurs concernent l'intégrité, la gentillesse, le courage ou la créativité, vivez-les pleinement dans votre vie quotidienne.

Vivre selon ses valeurs est une démarche qui demande du courage et de la conscience de soi. C'est faire un choix conscient de ce qui est important pour nous et agir en conséquence, même lorsque cela peut être difficile ou impopulaire.

Pour commencer, il est essentiel de comprendre quelles sont nos valeurs. Par exemple, si l'intégrité est une valeur importante pour vous, cela signifie que vous agirez toujours de manière honnête et éthique, même lorsque personne ne regarde.

Si c'est la gentillesse, cela signifie que vous chercherez toujours à faire preuve d'empathie et de compassion envers les autres.

Une fois que vous avez défini vos valeurs, l'étape suivante consiste à aligner vos actions sur ces valeurs. Cela peut impliquer de faire des choix difficiles ou d'établir des limites claires. Par exemple, si l'équilibre entre vie professionnelle et vie privée est une valeur importante pour vous, cela peut signifier que vous devez dire non à des opportunités de travail qui empièteraient sur votre temps personnel. Ou si la créativité est une valeur clé pour vous, cela peut signifier que vous vous donnez du temps chaque jour pour des activités créatives, même si cela semble être une "perte de temps" pour les autres.

Il est important de noter que vivre selon ses valeurs ne signifie pas être parfait. Nous sommes tous humains et nous faisons tous des erreurs. Ce qui compte, c'est que nous nous efforçons constamment de faire mieux, d'apprendre de nos erreurs et de nous aligner de plus en plus sur ce qui est essentiel pour nous.

Vivre selon ses valeurs est un voyage, pas une destination. Nos valeurs peuvent évoluer et changer avec le temps, et c'est normal. L'important est de rester ouverte et flexible, de continuer à apprendre et à grandir, et de faire de notre mieux pour vivre une vie qui reflète ce qui compte le plus pour nous.

Affronter les défis avec courage : la vie est pleine de défis et de difficultés. Personne n'y échappe. Ce qui distingue les personnes inspirantes, c'est la manière dont elles font face à ces défis. Elles les voient non pas comme des obstacles insurmontables, mais comme des opportunités de croissance et d'apprentissage. Elles sont prêtes à sortir de leur zone de confort, à prendre des risques et à faire preuve de résilience face à l'adversité.

Affronter les défis avec courage est une qualité admirable et inspirante. C'est l'essence même de la résilience et du dépassement de soi. Il est naturel de se sentir intimidée ou dépassée par les défis et les obstacles, mais la façon dont nous choisissons de les affronter peut transformer notre vie.

Les défis, qu'ils soient grands ou petits, sont inévitables dans la vie. Ils peuvent surgir dans divers aspects de notre vie : au travail, dans nos relations, dans notre santé, dans nos finances, et bien d'autres. L'important est de ne pas voir ces défis comme des indicateurs d'échec ou des preuves de notre incapacité. Au lieu de cela, il est bénéfique de les voir comme des opportunités de croissance, d'apprentissage et de développement personnel.

Sortir de sa zone de confort est un élément clé pour affronter les défis avec courage. C’est un espace mental où nous nous sentons en sécurité et à l'aise. C'est confortable et familier, mais elle limite aussi notre croissance. Pour évoluer et progresser, nous devons être prêts à nous aventurer en dehors de cette zone de confort et à affronter l'inconnu. C'est là que se trouvent les vraies opportunités d'apprentissage et de croissance.

La résilience est une autre qualité essentielle pour affronter les défis avec courage. La résilience est notre capacité à rebondir face à l'adversité, à nous relever après un coup dur, à persévérer malgré les obstacles. C'est une compétence qui peut être développée et renforcée avec le temps.

Il est important de se rappeler que le courage ne signifie pas l'absence de peur. Au contraire, le courage implique de reconnaître ses peurs et d'agir malgré elles. C'est la volonté d'affronter l'inconnu, de prendre des risques et de persévérer face à l'adversité, même lorsque nous avons peur.

Affronter les défis avec courage est donc un processus de transformation qui peut nous aider à grandir, à apprendre et à devenir des versions plus fortes et plus résilientes de nous-mêmes.

C'est un voyage qui nécessite du courage, de la résilience et une volonté constante de sortir de sa zone de confort.

Partager son voyage avec authenticité : partager son voyage ne signifie pas se vanter de ses succès ou se lamenter de ses échecs. C'est partager ses expériences avec honnêteté et authenticité, sans essayer de se présenter sous un jour meilleur. C'est reconnaître ses erreurs, partager ses leçons apprises et célébrer ses réussites. C'est être vrai, être humain, et être ouvert.

Aider les autres : les personnes qui inspirent sont souvent celles qui font preuve de générosité envers les autres. Elles cherchent des moyens d'aider, de soutenir et de faire une différence. Que ce soit en donnant de leur temps, de leurs compétences ou de leurs ressources, elles contribuent à rendre le monde meilleur.

Cultiver une attitude positive : une attitude positive peut avoir un impact profond sur la manière dont nous vivons notre vie et sur la manière dont les autres nous perçoivent. Les personnes inspirantes cultivent une attitude positive, même face à l'adversité. Elles cherchent le bon côté des choses, gardent espoir et restent optimistes quant à l'avenir.

Continuer à apprendre et à grandir : les personnes inspirantes sont celles qui continuent à apprendre et à grandir tout au long de leur vie. Elles sont curieuses, ouvertes et toujours prêtes à découvrir quelque chose de nouveau. Elles ne se contentent pas de ce qu'elles savent déjà ; elles cherchent constamment à se développer et à s'améliorer.

Être une force de changement : enfin, les personnes inspirantes sont souvent celles qui cherchent à provoquer des changements positifs dans le monde. Elles ne se contentent pas de suivre le courant ; elles se battent pour ce en quoi elles croient et travaillent pour créer un monde meilleur.

En conclusion, être une source d'inspiration pour les autres ne nécessite pas des actions spectaculaires ou des réalisations extraordinaires. C'est plutôt une question d'authenticité, de courage, de générosité et de détermination à vivre selon ses propres termes. C'est être la meilleure version de soi-même, chaque jour. Et c'est partager ce voyage avec les autres, en toute transparence et avec compassion. En faisant cela, vous ne serez pas seulement une source d'inspiration pour les autres, mais vous vous inspirerez aussi vous-même.

« Je vous invite chaleureusement à partager votre expérience vécue avec ce livre sur Amazon. Ne le voyez pas comme une caresse pour mon égo, mais plutôt comme une boussole pour guider l'évolution de cette œuvre.

Que ce livre vous a-t-il apporté ? Qu'avez-vous peut-être moins apprécié ? Que n'avez-vous pas trouvé qui pourrait enrichir davantage cette œuvre ?

Vos avis comptent véritablement, car ce livre est un organisme vivant, en constante évolution, que je m'engage à mettre à jour régulièrement. »

CONCLUSION

Nous voici donc arrivés au terme de ce merveilleux voyage de découverte, d'acceptation et d'épanouissement personnel. À travers ce livre, *Parce que tu es une femme extraordinaire,* nous avons abordé ensemble les multiples facettes qui composent l'identité unique de chaque femme.

Nous avons exploré l'importance de la confiance en soi, l'équilibre entre donner et recevoir, la nécessité de fixer des limites, la puissance de la vulnérabilité, l'essence du pardon, l'élan du changement, et finalement, la joie de partager son voyage et d'inspirer les autres.

Chaque chapitre a mis en lumière les forces innées que vous possédez, les talents que vous avez développés, et les compétences que vous pouvez acquérir. Et, j'espère sincèrement que vous avez trouvé des réponses à vos questions, de l'élan pour votre voyage, et surtout, une reconnaissance profonde de votre propre valeur.

Rappelez-vous toujours que vous êtes une femme extraordinaire. N'oubliez jamais que, quelles que soient les circonstances, vous avez le droit de vous épanouir, de vous respecter et d'aimer qui vous êtes. Le chemin vers l'acceptation de soi peut être long et semé d'obstacles, mais chaque pas compte, chaque geste a un impact.

Finalement, soyez une source d'inspiration pour les autres, non pas en étant parfaite, mais en étant authentique. En partageant votre voyage, vos luttes et vos victoires, vous pouvez illuminer le chemin pour d'autres femmes et leur montrer qu'il est possible de surmonter les défis, d'embrasser le changement et de vivre une vie authentique et épanouissante.

Alors que nous fermons ce livre, je vous laisse avec ces mots : ***vous êtes, et serez toujours une femme extraordinaire. Continuez à briller, à croître, à vous épanouir. N'oubliez jamais de célébrer la femme extraordinaire que vous êtes. Vous le méritez.***

Printed in France by Amazon
Brétigny-sur-Orge, FR

18650791R00067